하루 30분,
경제 기사가 술술 읽히는 습관

경제 기사 처음 읽기

경제 기사
처음 읽기

초판 1쇄 인쇄   2022년 3월 21일
초판 1쇄 발행   2022년 3월 30일

지은이   스노우볼
펴낸이   한준희
펴낸곳   ㈜새로운 제안

책임편집   장아름
디자인   이지선
마케팅   문성빈, 김남권, 조용훈, 한동우
영업지원   손옥희, 김진아

등록   2005년 12월 22일 제 2020-000041호
주소   (14556) 경기도 부천시 조마루로385번길 122 삼보테크노타워 2002호
전화   032-719-8041   **팩스**   032-719-8042
이메일   webmaster@jean.co.kr   **홈페이지**   www.jean.co.kr

ISBN   978-89-5533-630-6 (03320)

하루 30분,

경제 기사가

술술 읽히는 습관

경제
기사
처음
읽기

새로운제안

들어가며

나는 매일 경제 기사를 읽기로 다짐했다

2020년 1월 어느 이른 새벽, 잠을 이룰 수가 없었다. 결혼한 지 1년 정도가 지났고 아내와 나는 2세 계획을 세우며 경제적인 이야기를 자주 나눌 때였다. 결혼 전 우리의 가장 큰 걱정은 내 집 마련이었고 결혼 뒤에는 하루하루 열심히 살며 꼬박꼬박 월급을 모았지만 오르는 집값을 따라갈 수 없었다. 월급은 너무나 작아 보였고 그것을 모아 만든 목돈은 한없이 초라해 보였다. 절약과 저축만 한다면 돈을 모을 수 있다는 막연했던 내 생각이 얼마나 부질없었는지 깨닫는 데는 1년이면 충분했다. 나는 지금 당장 달라져야 했고 뭐라도 해야 했다.

달라지기로 결심한 뒤 내가 가장 먼저 실행한 것은 책 읽기였다. 돈과 관련된 책이라면 종류를 가리지 않았고 읽은 뒤에는 책에서 알려주는 단 한 가지라도 실천하려고 노력했다. 내가 읽은 대부분의 책에서는 경제 기사를 꾸준히 읽으라는 말을 반복했고 그래서 매일 경제 기사를 읽기로 다짐했다.

처음 경제 기사 읽기를 시작했을 때는 도무지 기사 내용을 이해할 수 없었다. 마치 드라마의 첫 화를 보지 않고 중간부터 보게 되어 등장인물이 누구인지, 어떤 사건들이 있었는지 알 수 없는 것과 같았다.

또한 경제 용어도 잘 몰라서 기사의 내용을 깊이 이해할 수 없었다. 분명 한글로 작성된 기사인데, 마치 영어 지문을 보는 것처럼 낯설었고 속이 답답해지기도 했다. 당시의 나는 코스피와 코스닥의 차이도 모를 정도였으니 어찌 보면 당연한 일이었다. '경제 기사 읽기가 왜 이렇게 어렵지?', '기사를 읽는다고 무슨 도움이 되는 걸까?' 같은 회의적인 생각이 드는 날에는 신문을 쳐다보기도 싫어 그만둔 날들도 많았다.

하지만 '조금씩 나아지지 않을까?' 하는 희망을 붙잡고 '어떻게 하면 더 효율적으로 읽을 수 있을까?' 고민하며 2년을 보냈다. 중간중간 마주하는 장애물을 하나둘 넘다 보니 안정기가 찾아왔고 지금은 꾸준히 경제 기사를 읽으며 다양한 대상에 투자하고 있다. 더불어 이 경험을 바탕으로 경제 기사 읽기 강의와 경제 용어 스터디를 운영하며 경제 공부를 처음 시작하는 사람들에게 도움을 주고 있다.

본 책은 그동안 경제 신문을 읽으며 터득한 나만의 경제 기사 읽기 노하우와 강의 내용들을 누구나 따라 하기 쉽게 체계적으로 정리한 것이다.

하루 30분, 습관을 기르면 경제 기사 읽기가 쉬워진다

경제 기사를 읽으면 도움이 된다는 건 알지만 꾸준히 읽는 데는 여러 장애물이 있다. 시작하기 전에는 두려움과 막막함이 크고 막상 시작을 해도 중도에 포기하기 쉽다. 그래서 왜 두려움을 느끼는지, 어떻게 하면 막막함을 없앨 수 있는지 고민했다. 그리고 많은 시행착오 끝에 가장 효율적으로 경제 기사를 읽는 나만의 구체적인 방법을 찾았고 지금도 꾸준히 실천하고 있다.

새로운 습관을 기르기 위해서는 다음의 과정이 필요하다.

그 일을 해야 하는 이유 알기 → 장애물 대비하기

→ 체계적으로 습관 기르기

왜 해야 하는지 이유를 모르는데, 꾸준히 해야 하는 일만큼 어려운 것이 있을까? 이유를 명확히 알았다면 당장 시작하고 싶은 마음이 생긴다. 그리고 이유를 알았다면 중간에 그만두지 않도록 사전에 장애물을 인지하고 대비해야 최종적으로 체계적인 습관 기르기가 가능하다.

본 책의 1장에서는 경제 기사를 읽어야 하는 이유에 대해 설명했다. 처음 경제 기사 읽기에 도전하거나 그동안 몇 번의 실패를 맛본 사람이라면 다시 마음을 다잡는 데 도움이 될 것이다.

2장에서는 경제 기사 읽기 습관을 기르는 데 방해가 되는 요인들을 살펴보고 해결 방법을 정리했다. 더불어 경제 기사 읽기 습관 기르는 방법을 5단계로 나누어 소개했으니 본인에게 맞는 단계부터 시작하면 된다.

디지털 시대, 경제 기사도 스마트하게 읽어야 한다

인터넷 미디어와 디지털 기기의 발달로 종이 신문 구독자는 지속적으로 줄고 있다. 여전히 종이 신문을 선호하는 사람들도 있지만 휴대가 어렵고 비용이 드는 등의 단점이 있다. 물론 디지털 신문 역시 여러 단점이 존재하지만 충분히 보완할 방법이 있다.

본 책의 3장에서는 종이 신문과 디지털 신문의 장점만 취해 활용할 수 있는 방법을 설명했다. 또한 신문에서 얻은 중요한 자료를 효율적으로 정리하도록 도와주는 어플리케이션과 사용 방법을 소개했다. 투자를 할 때는 정보를 습득하는 것만큼이나 자료를 정리하고 판단을 내리는 과정도 중요하다. 책에서 소개한 어플리케이션들을 활용하면 기사 읽기와 자료 정리에 많은 도움이 될 것이다.

마지막 4장에서는 필수 경제 용어 50개와 함께 실제 경제 기사를 함께 읽어본다. 필수 용어를 빠르게 공부하고 실전 연습을 통해 경제 기사를 읽는 감을 익힐 수 있다.

본 책이 나오기까지 많은 분들의 도움이 있었다. 꾸준히 글을 읽어주시고 나의 성장을 응원해주신 블로그와 인스타그램 이웃 분들, 스터디에 참여해 많은 질문으로 나를 발전시켜주신 수강생 분들께 감사의 말씀을 전한다. 그리고 나의 경험을 책으로 만들어보자는 좋은 제안을 해주신 새로운 제안에 감사드리며 책을 집필하고 수정하는 데 많은 도움을 주신 장아름 대리님께 감사드린다.

항상 기도해주시는 든든한 부모님과 언제나 응원해주시는 따뜻한 장인어른과 장모님, 힘들 때 힘과 용기를 불어넣어 주는 귀중한 아내 혜정, 그리고 내 삶을 더 의미 있게 만들어준 보석 같은 딸 채린이에게 사랑한다는 말을 전한다.

2022년 3월

스노우볼

차례

1

왜 경제 기사를 읽어야 할까?

4

실전 리딩 3단계 :
필수 경제 용어 50개로 경제 기사 쉽게 읽기

"문맹은 생활을 불편하게 하지만
금융 문맹은 생존을 불가능하게 만든다."

앨런 그린스펀
Alan Greenspan

1

왜 경제 기사를 읽어야 할까?

```
┌─────────┐
│         │
│    1    │
│         │
└─────────┘
```

경제를 중심으로 세상의 흐름을 알 수 있다

세상에는 돈보다 중요한 것이 많다. 경제를 중심에 두고 세상을 보는 것을 부정적으로 생각할 수 있다. 하지만 조금만 시선을 바꾸면 세상은 다르게 보인다. 경제가 중요하니 그것을 중심에 두어야 한다는 의미가 아니다. 경제를 중심에 두고 세상을 볼 줄 알아야 비로소 우리가 살아가는 사회의 본질이 보인다.

경제를 중심에 뒀을 때 생각해볼 만한 예를 들어보자. 히틀러Adolf Hitler가 누구인지는 다들 알고 있을 것이다. 냉정하고 잔인한, 역사에 오점을 남긴 인물이라고 생각하는가? 당시 독일 국민들은 히틀러를 선택했고 그를 지지했다.

그가 명성을 떨칠 때 독일의 상황을 살펴보면, 당시 독일은 제1차 세계 대전에서 패배해 경제적으로 매우 힘든 상황이었다. 전쟁에 많은 돈을 쏟아부어 빈곤한 상황에서 승전국에 천문학적인 금액의 전쟁 배상금까지 지급해야 했다. 이로 인해 재정 적자에 휘말린 독일은 중앙은행에 계속해서 돈을 찍어내도록 명령했다.

돈을 계속 찍어내면 어떤 상황이 펼쳐질까? 우리나라의 경우 정부에서 코로나19로 피해 입은 국민들에게 재난지원금을 나눠주자 소고기 값이 급등하는 현상이 나타났다. 돈을 찍어내 시중에 현금이 흔해지면 필수적으로 소비하는 항목은 가격이 급등할 수밖에 없다. 독일도 비슷한 상황이 펼쳐졌다. 전쟁 배상금을 지급하기 위해 돈을 마구 찍어내다 보니 화폐 가치는 하락했고 물가가 급등하는 하이퍼인플레이션[1]이 발생했다. 식료품은 아침, 점심, 저녁으로 가격이 올랐고 독일 국민들은 상당한 경제적 어려움을 겪었다.

---

1 물가 상승이 통제를 벗어나 수백 퍼센트의 상승을 기록하는 상태다.

이를 극복하고자 독일이 생각한 유일한 방법은 또 다른 전쟁이었다. 당시는 지금처럼 제조업이 발달한 상황도 아니었고 갑자기 나라가 돈을 많이 벌어 부유해질 가능성도 적었다. 하지만 전쟁을 일으켜 승리한다면 전쟁 배상금을 낼 필요도 없고 경제 상황도 크게 나아질 수 있었다.

그런데 문제가 있었다. 전쟁에 필요한 돈이 부족했다. 그러던 중 눈에 띈 것이 금융업에 종사하던 유대인들이었다. 과거 역사적인 사건으로 인해 유럽에서 미움의 대상이었던 유대인들은 당시 사람들이 천대하던 상업과 대부업에 종사해왔고 이는 근대 자본주의가 도래하자 막대한 부를 축적하는 계기가 됐다. 독일 국민들의 눈에는 이런 유대인들이 전쟁 비용을 마련할 좋은 수단으로 보였다.

이때 독일 국민들의 생각을 실현한 사람이 히틀러였고 사람들은 그를 지지했다. 암울한 상황을 해결할 유일한 해결책이었기 때문이다. 히틀러는 인종 청소라는 명분 아래 유대인들이 가진 것을 뺏고 잔인하게 학살했다.

역사는 복잡하고 수많은 사건들이 연결돼있기 때문에 내 해석이 정답이라고는 할 수 없다. 하지만 경제를 중심에 두면 많은 것이 다르게 보인다. 우리 주변에서 일어나는 작은 일들을 비롯해 세상의 큰 변화도 새로운 관점에서 바라볼 수 있는 눈이 생긴다.

최근 전기 자동차 이슈가 뜨겁다. 소비자들은 향후 전기 자동차가 대세가 될 것을 대비해서, 또는 유류비를 아끼고자, 또는 환경을 생각해서 같은 여러 이유로 구매를 고민한다. 그리고 자동차의 가격, 성능, 브랜드 등을 비교해 최종적으로 구매 여부를 결정할 것이다.

투자자 입장에서 전기 자동차 이슈를 바라보는 관점은 또 다르다. 애플Apple이 전기 자동차 시장에 진입한다는 소식, 배터리 제조사들의 실적이나 협력 소식 등에 더욱 주목할 것이다.

소비자와 투자자가 비교 대상이 될 수는 없지만 우리가 소비자로서 세상을 볼 때와 투자자로서 세상을 볼 때의 관점은 분명 다르다. 새로운 관점에서 세상을 바라보면 새로운 기회를 발견할 수 있다. 그 기회에 투자할 대상이 있고 우리는 부유해질 수 있다.

경제를 중심으로 세상을 보는 눈은 쉽게 길러지지 않는다. 시간을 투자해 꾸준히 공부하는 노력이 필요하다. 그리고 공부하기로 마음먹었다면 경제 기사부터 읽기를 추천한다. 경제 기사를 꾸준히 읽는 것만으로도 경제를 중심으로 세상을 바라보는 눈을 기를 수 있다. 경제 기사 읽기는 내가 생각하는 가장 효율적인 방법이다.

2

핵심만 빠르고 즐겁게 공부할 수 있다

경제 공부가 어려운 가장 큰 이유는 범위가 너무 방대하기 때문이다. 당장 투자를 위해 공부는 해야겠는데, 무엇부터 어떻게 시작해야 할지 막막하다. 어찌하여 공부를 시작해도 부동산이든 주식이든 당장 내가 투자하는 분야에 실질적인 도움이 되지 않는다면 포기하고 싶은 마음이 들 수 있다. 이런 고민을 해결할 공부법이 바로 경제 기사 읽기다.

기사는 중요한 내용을 선별해 알려준다. 신문의 맨 앞장에 실리는 기사는 가장 중요한 소식이고 분량이 많은 기사는 꼭 알아야 할 소식이다. 경제 기사를 읽으면 핵심이 되는 경제 이슈를 빠르게 파악할 수 있다.

기사를 읽으면 시간을 아낄 수 있다. 두괄식 구조로 작성돼 제목은 기사의 전체 내용을 요약하고 본문의 앞쪽에는 핵심 내용이 배치된다. 독자가 효율적으로 정보를 습득할 수 있게 배려한 것이다.

기사 읽기가 익숙해지면 기사의 구조가 보이고 읽는 속도도 빨라진다. 제목만 봐도 되는 기사와 세부 내용까지 읽어야 하는 기사를 구별할 수 있다. 운동을 하면 할수록 근육이 발달하고 힘들었던 동작이 쉬워지는 것과 같은 이치다.

경제 기사를 읽으면 『경제학원론』이나 『맨큐의 경제학 *Principles of Economics*』 같은 교재로 공부하는 것보다 훨씬 재미있다. 관련 소식들이 이어져 맥락을 파악할 수 있기 때문이다. 방송국에서 손해를 감수하고도 드라마나 예능 프로그램의 첫 화를 온라인에 무료로 공개하는 경우가 많다. 이런 혜택을 주는 이유는 무엇일까? 첫 화를 봐야 이어질 이야기의 맥락을 이해할 수 있기 때문이다. 드라마의 중간부터 보기 시작하면 출연자들이 서로 무슨 관계인지, 왜 갈등을 겪는지 이해하기 어렵다. 하지만 첫 화를 보고 나면 자연스럽게 녹아들어 이어질 이야기도 시청할 가능성이 높다.

기사에는 내 주변에서 일어나는 일들이 실리므로 더 관심 있게 보게 된다. 경제학을 처음 공부하면 맥락을 이해하기가 어렵다. 책이 쓰여지고 내용이 정리될 당시의 상황이 자세히 담겨 있지 않은 경우가 많기 때문이다. 이해가 돼도 지금 나와 어떤 상관이 있는지 접점이 부족하다는 느낌이 들면 경제 공부는 재미가 없어진다.

3

중요한 투자 정보를 얻을 수 있다

경제 기사를 통해 중요한 투자 정보를 얻는 사람들이 많다. 주요 기업의 실적이 증가했거나 특정 지역 개발 계획이나 부동산 정책이 발표되면 어김없이 신문에 실린다.

기사는 기승전결이 치밀하게 구성돼 궁금한 내용에 대해 대략적인 파악이 가능하다. 기사에 기초해 원자료를 찾거나 같은 주제를 다른 기사에서는 어떻게 썼는지 살펴볼 수 있다. 포털 사이트에 검색해 원하는 투자 정보를 취사선택할 수도 있다.

특히 요즘에는 유튜브^{Youtube}나 블로그 등 SNS를 통해 최신 정보를 쉽게 가공해 전달하는 사람들이 많아 경제 기사 읽기의 필요성을 느끼지 못할 수 있다. 이해하기 쉽게 설명하고 논리적으로 분석하는 그들의 말에 설득당해 특정 주식 종목이나 부동산에 투자하기도 한다. 하지만 투자에서 가장 중요한 점은 본인의 판단으로 결정하고 그에 따른 책임 역시 본인이 지는 것이다. 또한 투자는 한두 번 하고 말 것이 아니므로 스스로 공부해 점진적으로 실력을 쌓고 본인만의 관점을 만들어나가야 한다.

나에게 투자 정보를 전달해준 사람은 결과에 책임지지 않는다. 따라서 누구도 맹목적으로 따라서는 안 된다. 주어진 정보를 활용해 스스로 투자 결정을 내리고 그 결정을 내리기까지의 과정에 집중해야 한다. 물론 결과에 대한 책임도 본인이 져야 한다. 그리고 스스로 결정을 내리기 위해서는 주기적으로 정보를 습득하고 본인만의 사고를 거치는 과정을 반복해야 한다.

경제 기사를 읽으면 시장 상황을 꾸준히 관찰해 투자 아이디어를 지속적으로 얻을 수 있다. 본 책의 4장에 경제 기사에 자주 등장하는 필수 경제 용어 50개를 정리해뒀다. 금리

와 환율, 기업과 주식, 금융기관과 금융상품, 부동산, 경기 파
악과 경제 상식 총 5개로 나누어 설명했으니 관심 있는 분야
부터 먼저 공부하면 된다. 또한 44쪽과 175쪽에서 경제 용
어 공부에 유용한 어플리케이션과 기능도 소개했으니 잘 활
용하길 바란다.

경제 기사를 읽을 때 주의할 점

… 경제 신문에는 부정적인 기사가 더 많다

사람들은 긍정적인 소식보다 부정적인 소식에 더 끌린다. 노이즈마케팅이 주목을 끄는 이유다. 경제 기사도 결국 많은 사람들에게 읽혀야 한다. 특히 인터넷이 발달하면서 온라인에 수많은 기사가 쏟아짐에 따라 클릭을 유도하는 제목의 중요성이 높아지고 있다.

일반적으로 사람들의 관심을 끄는 기사는 부정적인 내용을 담은 기사다. 예를 들어 경제적 위기가 예상된다거나, 새로 입법한 법안이 악법이라거나, 어떤 기업이 큰 잘못을 했다거나 하는 기사들이다.

사람은 감정적인 동물이기에 부정적인 기사를 접하면 영향을 받을 수 있다. 부정적인 생각이 들어 화가 나기도 하고 인터넷 기사의 부정적인 댓글까지 읽고 나면 감정이 격해지기도 한다. 내 경험상 새벽에 부정적인 기사를 읽으면 그 감정이 저녁까지 영향을 끼쳐 일생생활의 지장은 물론이고 투자에 영향을 끼친 적도 있었다.

조금 더 여유로운 삶을 위해 투자를 하고 경제 공부를 하고 경제 기사를 읽는데, 매일 아침 부정적인 감정에 사로잡혀 하루를 시작한다면 무언가 잘못된 게 아닐까? 부정적인 기사를 읽더라도 감정에 영향을 주지 않도록 주의해야 한다. 경제 기사는 원래 부정적인 내용이 많으니 걱정도 화도 낼 필요가 없으며 의식적으로 감정을 조절하도록 노력해야 한다.

… 경제 기사는 중립적이지 않다

언론은 공정해야 한다. 하지만 공정하기 어렵다. 정권에 따라 기사의 논조가 바뀌기도 하고 특정 기업에 대한 부정적인 기사는 쓸 수 없는 경우도 있다. 기사인지 광고인지 헷갈리는 글들도 많다. 그리고 사람들은 언론이 제 역할에 충실하지 않고 중립을 버린 것에 대해 비판한다.

하지만 엄밀히 말하면 세상에 중립이란 존재하지 않는다. 기자가 최대한 중립적으로 쓴 글이 다른 사람이 볼 때는 편향돼 보일 수 있다. 기자는 소속된 언론사의 보도 방향에 맞추기 위해 어쩔 수 없이 그런 글을 썼을 수도 있다.

우리가 기사를 읽는 목적은 현상을 객관적으로 판단하고 투자에 활용하기 위함이지 중립적이고 언론인의 본분을 다하는 기자를 찾기 위함이 아니다. 특정 기자의 글이 너무 편향적이라면 다음부터 그 기자의 글을 읽지 않거나 다른 언론사의 글을 읽으면 된다. 만약 본인에게 도움이 되는 글을 쓰는, 보석 같은 기자를 만났다면 개인적으로 후원을 하거나 온라인에 응원 댓글을 달아 더 좋은 글을 쓸 수 있게 도움을 주는 것도 좋은 방법이다.

… 호재가 악재일 수 있고 악재가 호재일 수 있다

소문에 사서 뉴스에 팔라는 유명한 증시 격언이 있다. 뉴스에서 기업에 대한 좋은 소식이 나오면 그때가 주식을 매도할 시기라는 의미다. 경제 기사를 처음 접하는 사람들 중에는 기사에 '대박' 투자 정보가 있을 거라는 기대를 하는 경우가 많다. 물론 나도 그랬다.

주식 투자를 위해 경제 기사를 꾸준히 읽던 어느 날 '별 내용도 없는데, 이걸 왜 읽고 있어야 하지?'라는 생각이 든 적이 있었다. 투자할 기업에 대한 정확한 정보도 많지 않았고 오히려 기사가 난 뒤에 주가가 떨어지는 경우도 있었기 때문이다.

내 투자 경험을 예로 들면 호재성의 긍정적인 기사를 보고 산 기업의 주가가 마이너스 50퍼센트까지 빠진 적이 있었다. 주가가 상승했던 기간 동안 무시했던 악재들이 부각되면서 하락한 것이다. 반면 악재성의 부정적인 기사가 났음에도 주가의 엄청난 상승을 이어가는 주식도 있었다. 그리고 얼마 지나 책을 통해 그 기업의 주가 상승 이유를 알 수 있었다. 바로 악재의 해소였다. 악재가 공식적으로 발표된 뒤 추가적인 악재는 없고 상황이 개선될 여지만 남았다는 판단에 자금이 유입됐던 것이다.

이렇듯 단편적인 기사 하나만으로 투자를 결정하면 안 된다. 여러 기사를 읽고 본인이 투자하는 기업들의 주가 변동을 살피며 경험을 쌓아야 한다.

"처음에는 우리가 습관을 만들지만
그 다음에는 습관이 우리를 만든다."

존 드라이든
John Dryden

2

실전 리딩 1단계 :
하루 30분,
경제 기사를 읽는 습관 기르기

```
┌─────────┐
│         │
│         │
│    1    │
│         │
│         │
└─────────┘
```

경제 기사 읽기를 포기하는 이유와 해결 방법

▎어느 신문을 읽어야 할지 모르겠어요

이 고민은 두 가지로 나누어 살펴봐야 한다. '어느 언론사의 기사를 읽을까?'와 '어떤 방법으로 기사를 읽을까?'다.

우선 '어느 언론사의 기사를 읽을까?'부터 생각해보자. 요즘에는 언론사도 많고 중요한 기사는 대부분 중복해서 보도한다. 따라서 중요한 소식을 살펴보고자 특정 언론사만 구독할 필요는 없다. 하지만 언론사별로 중점적으로 다루는 내용에 차이가 있고 관점의 차이도 있으므로 본인에게 가장 도움이 된다고 생각되는 한 곳을 정해 그 언론사의 기사를 전체적으로 읽는 것이 좋다.

가장 보편적인 경제 언론사는 '매일경제'와 '한국경제'다. 우리나라 경제 언론사 중 가장 많은 구독자를 갖고 있다. 경제 기사 외에 '중앙일보'나 '동아일보' 같은 종합 언론사의 다양한 기사도 읽어봐야 한다고 말하는 사람들이 있다. 하지만 처음 경제 기사를 읽는 사람이라면 시간이 많이 들어 중도에 포기할 가능성이 있고, 경제 언론사의 신문에도 정치·사회·문화 등의 관련 기사들이 실리기 때문에 세상이 어떻게 돌아가는지는 충분히 파악할 수 있다. 참고로 나는 대중적인 시선을 파악할 때는 매일경제를 참고하고 한국경제에는 기업 관련 기사들이 많아 주기적으로 참고한다.

어느 언론사가 본인에게 맞는지 고민된다면 73쪽에서 설명하는 네이버Naver의 '신문보기' 서비스를 활용해보자. 여러 언론사의 기사를 읽어보고 본인에게 도움이 된다고 생각되는 언론사를 고르면 된다.

다음으로 '어떤 방법으로 기사를 읽을까?'에 대해 생각해보자. 경제 기사를 읽는 전통적인 방법은 종이 신문을 이용하는 것이다. 종이 신문은 오래전부터 존재했다. 성공한 사람들의 자서전에 어릴 적 신문을 배달하며 힘든 시기를 버텼다는 이야기가 단골로 나올 만큼 과거에는 종이 신문을 구독하는 사람들이 많았다. 하지만 시대가 변하며 디지털 기기가 발달하고 기사를 접하는 방법이 다양해지면서 종이 신문의 인기는 점점 줄어들었다.

종이 신문의 단점을 크게 세 가지로 정리하면 다음과 같다.

우선 부피가 커 읽기가 번거롭다. 펼쳐서 보려면 상당한 공간을 확보해야 한다. 책상이 작으면 신문을 넘기기가 불편하고 바닥에서 읽자니 허리가 아프다. 출퇴근길 대중교통에서 종이 신문을 보기는 더 불편하다. 종이를 넘길 때 나는 소리 때문에 주변 시선을 감내해야 하는 건 물론이고 공간이 좁아 신문을 펼치는 것 자체가 불가능할 수도 있다.

두 번째 단점은 속보가 느리다는 점이다. 종이 신문은 인쇄하고 배부할 시간이 필요하므로 전날 밤을 기준으로 작성된다. 즉, 대부분의 기사는 기자의 퇴근 시간에 맞춰 작성된다. 그렇기 때문에 신속한 정보를 접하고 대응해야 하는 경우에는 불리할 수밖에 없다. 특히 미국 주식에 투자하는 사람이라면 이 단점이 크게 와닿을 것이다. 우리나라는 미국보다 14시간이 빠르다. 미국의 주식시장은 현지 시간 기준으로 오전 9시 30분부터 오후 4시까지—서머타임 적용 시 1시간씩 당겨진다―열리는데, 우리나라 시간을 기준으로 보면 밤 11시 30분에 주식시장이 열린다. 따라서 밤사이 미국에서 일어난 일은 종이 신문에 빠르게 실릴 수 없다. 예를 들어 미국의 중앙은행인 연방준비제도The Federal Reserve System의 정책은 우리나라에도 많은 영향을 미친다. 하지만 종이 신문에는 하루 전에 있었던 일이 실리므로, 기사에서는 미국의 주식시장이 폭락했다고 하지만 밤사이 반등이 나와 회복된 경우도 있다.

마지막 단점은 비용이다. 종이 신문만 구독하면 한 달에 2만 원 정도가 들고 디지털 신문까지 함께 구독하면 한 달에 2만 5천 원 정도의 고정 비용이 든다. 물론 여러 프로모션을 적용하면 보다 저렴하게 구독할 수 있으며 2만 원 정도면 다른 비용에서 충분히 절약할 수 있는 금액이다. 하지만 처음 경제 기사를 읽기로 마음먹은 사람에게 매달 2만 원은 적은 돈이 아닐 수 있다. 1년이면 24만 원에 달하기에 선뜻 구독을 신청하기 어렵다. '구독을 신청하고 안 보면 어쩌지?' 하는 걱정도 종이 신문 구독을 망설이는 이유이자 경제 기사 읽기를 포기하는 이유이기도 하다.

하지만 종이 신문 읽기를 선호하는 사람들도 있는 걸 보면 종이 신문의 장점도 무시할 수 없다.

첫 번째 장점은 구성과 순서를 통해 기사의 중요도를 알수 있다는 점이다. 신문의 첫 장에 등장하거나 분량이 많을수록 중요한 기사다. 경제 기사를 읽는 큰 이유 중 하나는 중요한 이슈를 빠르게 습득해 투자 아이디어를 얻기 위함이다. 초보자는 어떤 경제 이슈가 중요하고 어디를 집중해서 봐야하는지 알기가 어렵다. 경험이 부족하기 때문이다. 그런데 종이 신문에서는 중요도를 직관적으로 알 수 있어 효율적으로 경제 공부를 할 수 있다.

두 번째 장점은 분량이 정해져 있다는 점이다. 인터넷이발달하면서 온라인에는 실시간으로 수많은 기사들이 쏟아진다. 내가 처음 경제 기사를 읽기로 마음먹었을 때 최대한 자주 기사를 읽고자 노력했다. 하지만 내가 읽은 기사보다 읽지 못한 기사가 더 많았다. 도대체 언제까지 읽어야 오늘의 공부가 마무리되는 건지 알 수 없자 며칠 못 가 경제 기사 읽기를 포기하기도 했다. 종이 신문에는 읽어야 할 기사의 분량이 명확히 정해져 있다. '여기까지만 읽으면 오늘 공부는 끝이야'라고 판단할 기준이 있다. 이는 장기적인 습관을 기를때 굉장히 중요하다. 운동할 때도 오늘 할 분량을 미리 알면 조금만 더 하면 끝난다는 생각에 힘들어도 참아낼 수 있다. 종이 신문은 하루에 읽어야 할 기사의 분량이 명확하기 때문에 시간을 정해 습관을 기르기도 꾸준히 실행하기도 좋다.

마지막 장점은 방해 요소가 없어 집중도가 높다는 점이다. 스마트폰이나 컴퓨터로 경제 기사를 읽으면 방해 요소들이 많다. 메시지가 오거나 여러 어플리케이션의 푸시 알람이 올 수도 있다. 또한 온라인으로 기사를 읽을 때는 추천 기사나 광고가 지속적으로 집중을 방해하기 때문에 어느 순간 딴짓을 하고 있는 본인을 발견하게 된다. 반면 종이 신문을 읽을 때는 주변에 전자 기기만 치워둔다면 깊이 몰입할 수 있다. 도표나 일러스트도 크게 인쇄돼있어 가독성이 좋은 것도 장점이다.

이런 종이 신문의 장점도 분명하지만 디지털 기기의 사용이 늘어남에 따라 디지털 신문을 이용하는 사람들이 늘어나는 것도 시대의 흐름이자 분명한 사실이다. 사람들이 왜 디지털 신문을 이용하는지 장점을 살펴보자.

우선 디지털 신문은 무료다. 일부 유료 사이트가 있긴 하지만 대부분의 기사는 무료로 접할 수 있다. 주요 포털 사이트에 접속하면 중요한 기사들이 올라와 있고 손쉽게 접근할 수 있다. 가끔 기사인지 광고인지 구별이 안 되는 기사들도 있지만 약간의 분별력만 있다면 필요한 기사를 찾아서 읽을 수 있다. 여러 언론사의 기사를 읽어보고 비교하며 생각을 정리할 수 있다.

두 번째 장점은 소식이 빠르다는 점이다. 온라인상에서는 기사를 작성하고 업로드하는 데 긴 시간이 필요하지 않다. 방금 전 일어난 일도 속보로 확인할 수 있어 즉각적인 대응이 가능하다.

마지막 장점은 기사를 읽기 편하다는 점이다. 대부분의 사람들은 스마트폰을 항상 들고 다니기 때문에 원하는 시간에 원하는 장소에서 원하는 기사를 읽을 수 있다. 사람이 많은 지하철에서도 기사를 읽을 수 있다. 스마트폰의 작은 화면이 불편하다면 태블릿 피시를 이용하면 된다.

하지만 디지털 신문의 단점도 분명 존재한다. 우선 기사가 많아 중요도를 파악하기 어렵다. 실시간으로 쏟아지기 때문에 읽어야 할 기사가 너무 많다. 중요도를 파악하기 위해 랭킹 뉴스를 참고하려 해도 혼란스러울 때가 많다. 순위에 올라온 기사들은 중요한 기사라기보다 사람들의 관심을 끈 가십인 경우가 많기 때문이다. 기사를 아무리 많이 읽어도 중요한 기사가 무엇인지 알 수 없어 여러 개를 읽어도 찜찜한 느낌이 든다.

두 번째 단점은 공부의 끝이 없다는 점이다. 경제 기사 읽기가 중요하다고 해도 하루 종일 기사만 읽을 수는 없다. 정해진 시간을 투자해 꾸준히 읽고 추가 공부를 하거나 다른 일도 해야 한다. 하지만 디지털 신문은 기사가 너무 많이 올라오기 때문에 어디까지 읽어야 하는지 목표를 정하기 어렵고 습관을 기르기 전에 포기하기 쉽다.

마지막 단점은 집중도가 떨어진다는 점이다. 기사를 읽다 보면 중간중간 심어진 화려한 광고들에 시선을 뺏긴다. 또한 기사보다 댓글을 읽는 경우도 많은데, 댓글 읽느라 시간을 낭비하거나 괜한 감정 싸움에 휘말리기도 한다. 추천 기사에는 눌러보고 싶은 자극적인 제목의 기사도 널려 있어 경제 공부를 하겠다는 목표가 흔들리기 쉽다.

종이 신문과 디지털 신문, 두 방법 중 무엇을 선택해야 할지, 두 방법의 장점만 취할 수는 없는지 고민했다. 그래서 찾은 방법이 네이버의 신문보기 서비스를 이용하는 것이다. 신문보기 서비스를 이용하면 종이 신문에 실린 기사를 온라인에서 그대로 읽을 수 있다. 기사가 실린 순서나 분량을 보고 중요도를 파악할 수 있으며 하루에 읽어야 하는 기사의 양이 한정돼있어 정해진 시간을 투입해 습관 기르기에도 좋다. 게다가 스마트폰이나 태블릿 피시를 이용하면 시간과 장소에 구애받지 않고 기사를 읽을 수 있다. 구체적인 이용 방법은 3장에서 설명했다.

주로 태블릿 피시나 컴퓨터로 매일경제 신문을 읽고자 한다면 '오늘의 매경' 서비스를 이용하면 편리하다. 네이버의 신문보기보다 기사 요약문을 한두 줄 더 제공한다. 자세한 이용 방법은 3장에서 설명했다.

어느 신문을 읽어야 할지 고민하는 사람들을 위한 해결 방법을 알아봤다. 방법을 알았다면 옆에 있는 스마트폰이나 태블릿 피시를 이용해 지금 바로 사이트에 접속해보자. 즐겨찾기에 저장해놓고 자주 접속하면 더 좋다.

| 경제 용어가 너무 어려워요

큰맘 먹고 경제 신문을 읽기 시작했는데, 무슨 말인지 도무지 알아들을 수 없어 포기한 경험이 있는가? 한글로 쓰여진 기사이지만 경제 기사는 용어를 모르면 내용을 이해할 수 없다. 기사를 이해하지 못하면 당연히 흥미가 떨어지고 읽기를 포기하게 된다. 경제 기사를 술술 읽고 싶다면 경제 용어는 반드시 정복해야 한다.

경제 용어 모름 → 기사 이해 불가 → 중도 포기

경제 용어를 공부하는 방법은 영어 단어를 공부하는 방법과 비슷하다. 크게 두 가지로 나눠지는데, 단기간에 집중적으로 공부하는 방법과 기사에 나오는 용어들을 매일 정리해 꾸준히 공부하는 방법이 있다.

첫 번째 방법은 단기간에 다양한 용어들을 학습해 기사를 읽을 때 낯선 용어들을 빠르게 줄일 수 있다. 하지만 많은 양을 공부하다 보니 분량에 치중해 용어의 사용 맥락이나 활용 방법에 대해 깊이 있게 공부하지 못할 수 있다. 반면 두 번째 방법인 기사에 나오는 용어들을 매일 정리하면 오늘 읽은 기사에서 용어가 사용된 맥락을 알 수 있어 깊이 있는 공부가 가능하다. 하지만 내 경험상 경제 용어를 몰라 기사가 이해되지 않는 스트레스는 상당하며 스트레스를 이겨내고 용어를 정리하는 건 결코 쉽지 않다. 에너지가 많이 들기 때문에 오래 지속하기가 힘들고 중도에 포기할 가능성도 높다.

나는 단기간에 경제 용어를 공부하고 습득하기를 추천한다. 용어를 깊이 있게 공부하거나 완벽하게 이해하지 못하더라도 우선 눈에 익은 용어가 기사에 나왔을 때 그것을 발견하고 찾아보는 재미가 상당하다. 더불어 기사를 이해하고 공부하고자 하는 욕구도 커진다. 그러면 추가 자료를 찾아보게 되고 투자에는 어떻게 활용되는지 스스로 공부하게 된다.

단기간에 경제 용어 공부를 하고 싶다면 한국은행에서 만든 「경제금융용어 700선」 자료를 추천한다. 포털 사이트에서 '경제금융용어 700'이라고 검색하면 쉽게 찾을 수 있다. 가나다순으로 정리돼있어 모르는 용어를 찾아보기가 편리하고 '하루 10개씩 공부하기'같이 계획을 세워 공부하기도 좋다. 하지만 분야별로 구분돼있지 않다는 단점이 있고 이미지 없이 텍스트로만 돼있어 딱딱한 느낌을 받을 수 있다. 이런 점이 불편하다면 암기를 도와주는 어플리케이션으로 공부하면 좋다.

iOS 운영체제 기반의 아이폰이나 아이패드를 이용한다면 '2022 시사경제용어 Lite'라는 무료 어플리케이션으로 공부할 수 있다. 기획재정부가 작성하고 KDI[2]가 검수한 최신 시사 경제 용어가 담겨 있다. 학습 기능을 사용해 암기할 수 있고 알람이나 퀴즈 등의 기능도 제공한다. 학습 화면에서 용어를 바로 검색할 수 있는 것도 장점이다.

---

2 우리나라의 경제와 사회 발전에 관련된 사항을 조사 및 연구하는 기관이다.

안드로이드 운영체제 기반의 스마트폰이나
태블릿 피시를 이용한다면 기획재정부에서 만
든 '시사경제용어 사전'이라는 무료 어플리케
이션으로 공부할 수 있다. 사전, 단어장, 문제은행 등의 기능
을 잘 활용하면 경제 용어 공부에 많은 도움이 된다. iOS 운
영체제에서도 다운로드 및 사용이 가능하다.

본 책의 4장에 기초이자 경제 기사에 자주 등장하는 필수
경제 용어 50개를 정리해뒀다. 700개가 부담된다면 50개부
터 확실히 습득한 뒤 계획을 세워 공부하길 추천한다. 더불
어 앞서 소개한 두 어플리케이션의 유용한 기능들도 175쪽
에서 간략히 설명했다.

그런데 아무리 좋은 자료와 유용한 어플리케이션이 있어
도 혼자 힘으로 꾸준히 공부하기는 쉽지 않다. 매일 기사를
읽으며 꾸준히 경제 공부를 하고 싶다면 온라인 사전을 잘
활용하면 좋다. 가장 일반적인 사전은 '네이버 지식백과'로,
한 용어에 대해 여러 사전에서 정리된 내용을 비교하며 공부
할 수 있다.

만약 사전의 해설에 등장하는 경제 용어도 어렵다면 매일
경제나 한국경제 사이트에서 제공하는 경제 용어 사전을 추
천한다. 포털 사이트에서 '매일경제 경제용어사전' 또는 '한

경닷컴 사전'을 검색하면 쉽게 접속할 수 있다. 해설에 등장하는 용어들에 하이퍼링크를 걸어둬 모르는 용어들을 바로 찾아볼 수 있다. 공부한 경제 용어와 관련된 기사들을 정리할 때는 '라이너LINER'라는 어플리케이션을 활용하면 좋다. 자세한 사용 방법은 3장에서 설명했다.

지금까지 단기간에 집중적으로 경제 용어를 학습하는 방법에 대해 알아봤다. 앞서 소개한 경제 용어를 공부하는 두 가지 방법 중 본인의 상황에 맞춰 더 낫다고 생각되는 것을 선택하면 된다. 조금 부족하더라도 일단 시작해보자.

▌꾸준히 실천하기가 힘들어요

경제 기사 읽기는 꾸준히 해야 한다는 점에서 영어 공부나 다이어트와 비슷하다. 경제 기사를 읽겠다고 마음먹고 며칠 밤을 새가며 열심히 기사를 읽어도 당장에 큰 변화는 일어나지 않는다. 오늘자 기사를 완벽하게 이해해도 내일이면 새로운 소식이 보도된다. 오늘 읽은 기사에서 중요한 투자 정보를 얻어도 며칠이 지나면 쓸모없는 정보가 될 수도 있다.

경제 공부는 자세한 내용을 아는 것만큼이나 흐름을 파악하는 것도 중요하다. 또한 자신만의 관점을 갖는 것도 중요하기에 꾸준히 오랜 시간을 들여 경제 기사를 읽어야만 실력을 키울 수 있다. 그런데 꾸준함이 중요하다는 사실은 알지만 막상 시작하면 오래 지속하기 어려운 것도 사실이다. 그렇다면 왜 중도에 포기하게 되는지 다이어트와 비교해 그 이유와 해결 방법을 알아보자.

다이어트를 중도에 포기하는 가장 큰 이유는 단기간 열심히 한다고 큰 변화가 생기지 않기 때문이다. 며칠 열심히 운동하고 굶는다고 갑자기 살이 빠지지 않는다. 극한의 다이어트로 체중이 줄 수는 있지만 수분이나 근육이 빠지는 경우도 있어 살이 빠졌다고 보기 어렵다. 오히려 요요가 오거나 건강에 더 안 좋을 수도 있다. 변화가 없는 상황에서 초반에 가졌던 굳은 다짐을 유지하기는 쉽지 않다.

또한 다이어트 기간에 급한 일이 생기거나 컨디션이 좋지 않아 운동을 하루 쉬어도 몸무게가 갑자기 늘어나지 않는다. 해야 하는 일을 하루 쉬어도 큰 변화가 없다는 사실은 쉬는 날이 하루, 이틀, 삼일… 점점 늘어나게 만드는 원인이다.

마음먹고 열심히 해도 크게 변하지 않고 하루 정도 쉬어도 문제가 생기지 않는다는 생각이 들면 하기 싫은 마음은 점점 커진다. 처음의 열정은 사라지고 '다이어트는 나랑 안 맞아'

라는 합리화를 한 뒤 도전을 멈추게 된다.

경제 기사 읽기도 다이어트와 비슷하다. 오늘부터 경제 기사를 읽겠다고 굳게 다짐하고 2시간 동안 신문 1개를 완벽하게 읽는다고 해서 실력이 갑자기 늘지 않는다. 게다가 경제는 지속적으로 변하므로 오늘 알게 된 내용이 내일은 쓸모가 없을 수도 있다. 예를 들어 주식시장의 주요한 이슈가 기사로 보도돼 이미 시장 참여자 모두가 알게 되고 주가에도 반영됐다면 그 정보는 더 이상 가치 있는 정보가 아니다.

또한 열심히 기사를 읽다가 급한 일이 생겨 하루 쉬더라도 큰 변화가 생기지 않는다. 갑자기 투자에 실패하거나 어제 알던 경제 지식이 사라지지 않는다. 그래서 기사를 읽지 않는 날이 점점 늘어나고 이내 포기하게 된다.

경제 기사 읽기를 꾸준히 하려면 어떻게 해야 할까? 습관에 관한 책들에 나오는 공통적인 이야기는 새로운 습관을 기르기 위해서는 진입 장벽을 낮춰야 한다는 것이다. 열정이 가득한 상태에서 높은 수준의 일들을 목표하면 필연적으로 습관 기르기에 실패한다. 또한 너무 낮은 수준의 일들만 반복해도 발전이 없으므로 점진적으로 양을 늘리고 난도를 높여야 한다.

무언가를 처음 시작할 때는 뇌가 '이건 너무 힘들겠는데?'

가 아니라 '이 정도는 쉽게 할 수 있겠는데?'라고 느끼도록 계획해야 한다. 그리고 무리가 안 되는 선에서 계속 난도를 높인다. 바쁜 일이 생겨 계획을 지키기 힘들다면 지금 실행하는 단계보다 한 단계 낮춰서라도 오늘 할 일을 마무리해야 한다. 며칠 더 해보고 익숙해지면 다시 단계를 높이면 된다.

경제 기사 읽기 습관을 기르는 데 몇 번 실패한 뒤 적절한 난도를 배치해 습관 기르는 방법 5단계를 설계했다. 기사의 제목 읽기부터 기사 내용의 요약, 정리까지 점차 난도를 높였고 그 결과 지금은 매일 아침 경제 기사를 읽고 나만의 생각을 정리하고 있다.

경제 기사 읽기의 어려움과 이를 극복하는 방법도 알아봤으니 어서 경제 기사 읽기를 시작해보고 싶지 않은가? 다음 소단원에서 습관 기르는 방법 5단계에 대해 자세히 알아보자.

2

경제 기사를 읽는 습관 기르기 5단계

이전 소단원에서 습관을 기르기 위해서는 부담 없는 시작이 중요하다고 했다. 처음부터 대단한 일을 하려고 하면 몸이 위험 신호를 감지하고 어떻게든 그 행동을 그만두게 만들 것이다. 따라서 전혀 부담 없는 수준부터 시작해 차근차근 단계를 올려야 한다. 5단계로 나누어 설명했으니 끝까지 읽어보고 수준에 맞는 단계를 선택해 바로 시작해보자.

단계를 높이다가 벅찬 느낌이 들어도 절대 그만두면 안 된다. 이때는 그만두지 말고 단계 낮추기를 추천한다. 예를 들어 3단계를 실행하다 시간이 너무 많이 들고 어려운 느낌이 든다면 2단계로 낮춰 며칠 동안 실행한다. 우리의 목표는 꾸준히 하루도 빼먹지 않고 경제 기사를 읽는 것이다. 그리고 2단계가 익숙해지면 다시 단계를 높인다. 이런 방법으로 한두 달을 실행하면 5단계까지는 충분히 올라갈 수 있다.

▌1단계 : 기사의 제목만 읽기(5분)

1단계에서는 기사의 제목만 눈에 익힌다. 중요한 기사의 제목을 눈에 익히며 흐름을 따라간다고 생각하자.

일반적으로 중요한 기사는 신문의 1~3면에 실리고 4~6면에는 그 기사의 세부 내용이 따라온다. 예를 들어 부동산 정책에 대한 중요한 정부 발표가 있으면 1면에 실린 뒤 4~6면에 해당 부동산 정책의 세부 내용, 예상 효과, 전문가 의견, 시장 반응 등 다양한 기사들이 자세하게 실린다. 따라서 신문 기사를 처음 읽는다면 1~3면에서 제목을 읽고 오늘의 중요한 주제를 파악한 뒤 4~6면에서 관련 기사의 제목을 읽고 궁금하다면 세부 내용까지 살펴보길 추천한다. 속도가 붙으면 신문 끝까지 제목만 훑어 봐도 된다.

▼ **코스피** 2,743.80	(−0.72P)	
▲ **코스닥** 884.25	(+2.54P)	
▲ **원화값** 1,192.10원	(+3.80원)	
▲ **금 리** 2.368%	(+0.045%P)	
─ **유 가** 90.30달러	(보 합)	
▼ **금 값** 72,390원	(−40원)	

※달러당 원화값. 국고채 3년물 금리.
두바이유 전날 기준. 금1g 한국거래소 종가

출처 : 매일경제

여유가 된다면 시간을 좀 더 할애해 각종 경제지표 훑어 보기를 추천한다. 주가지수, 환율, 금리 등을 챙겨 보는 것이다. 매일경제의 경우 2면에 나오는데, 전반적인 경제 흐름을 파악하기 좋다. 특정 경제지표에 변화가 생겼다면 그 이유에 대해 생각해보고 기사들과 연관시키는 연습이 투자 안목을 기르는 데 도움이 된다. 경제지표를 더 자세히 살펴보고 싶다면 '네이버 금융'에 접속해 상단의 탭에서 '국내증시→해외증시→시장지표' 순으로 각종 경제지표를 살펴보면 된다. 모바일 버전이 한눈에 보기 편해 스마트폰으로 보기를 추천한다.

이렇게 기사의 제목을 눈에 익히고 여유가 있어 주요 경제지표까지 살펴봤다면 1단계는 끝이다. '이 정도는 쉽게 할 수 있겠는데?'라는 생각이 드는가? 그렇다면 바로 시작해보자. 초보자라도 3~5일 정도만 하면 추가 기사를 읽고 싶다는 생각이 들 것이다.

▌2단계 : 기사 1개 정독하기(10분)

2단계에서는 1단계에서 기사의 제목을 읽은 뒤 가장 관심이 가는 기사 1개를 선택해 정독한다. 현재 주요 이슈를 파악하는 것으로, 기사 내용을 대략적으로 이해하고 친해지는 게 목적이다.

기사 내용을 이해했다면 해당 이슈에 대해 주변 사람들과 이야기를 나눠보자. 나도 할 이야기가 있다는 사실이 경제 기사를 읽는 데 즐거움을 더해준다. 또한 기사를 처음 읽으면 놓치거나 잘못 이해한 부분이 있을 수 있다. 사람들과 이야기하면서 부족한 부분을 보충할 수 있으므로 이런 시간을 꼭 갖기를 추천한다. 주변에 함께 이야기 나눌 사람이 없다면 블로그나 카페 등을 통해 경제 신문 읽기 모임에 가입하는 것도 좋은 방법이다.

기사를 읽을 때 사실과 의견을 구별하는 연습도 해보자. 사실, 즉 팩트는 기자가 근거로 삼는 내용이고 의견은 팩트를 근거로 기자가 주장하는 내용이다. 우선 팩트를 잘 살펴보고 의견은 비판적으로 읽으면 된다. 기자의 의견에 무조건 동의하거나 반대하기보다 어떤 근거로 어떤 결론을 내리는지 그 과정을 살펴보는 게 중요하다. 2단계도 3~5일 정도만 하면 익숙해질 것이다.

▌3단계 : 기사의 구조를 파악하며 읽기(15분)

　기사는 두괄식 구조로 작성된다. 제목이 가장 핵심이고 이어서 한두 문장으로 이뤄진 요약문이 따라온다. 제목과 요약문 다음에는 본격적인 기사가 시작된다. 첫 문단리드에 대부분의 내용이 들어있고 이어지는 문단에서 첫 문단의 내용을 세부적으로 나누어 다룬다. 만약 본인이 익숙한 분야의 기사라면 첫 문단을 읽고 궁금한 내용을 담은 문단만 찾아서 읽으면 된다.

　구체적인 과정은 다음과 같다.

① 기사 제목을 읽으며 전달하고자 하는 내용이 무엇인지 파악한다.
② 요약문을 읽으며 조금 더 상세한 내용을 파악한다. 이때 이해가 되지 않거나 궁금한 내용을 생각하며 읽는다.
③ 첫 문단을 읽으며 요약문과 비교한다. 이때 이해가 되지 않는 내용은 다른 문단에서 찾겠다는 생각으로 읽는다.
④ 각 문단의 주요 내용이 무엇인지 파악하며 읽는다(주로 첫 문장이 핵심인 경우가 많다).
⑤ 통계 자료나 숫자에 주의하며 읽는다.

　다만 모든 기사가 동일한 구조를 갖진 않으니 모든 기사에

적용되는 구조를 찾기보다 대략적인 구조에 익숙해지기를
목표로 해야 한다.

▌ 4단계 : 기사 1개 요약하기〔20분〕

　4단계에서는 기사 1개를 정독하고 내용을 요약한 뒤 본인
의 생각을 정리한다. 3단계까지는 워밍업이었고 이제부터가
진짜 시작이다. 경제 기사를 읽는 목적은 세상의 소식을 빠
르게 습득하고 그 상황에 필요한 판단을 내려 본인에게 도움
이 되는 행동을 취하기 위함이다. 기사 읽기가 행동까지 이
어지려면 기사 내용을 파악하고 스스로 판단하는 힘을 길러
야 한다. 기사를 요약하고 생각을 정리하는 것은 필수다.
　3단계에서 기사의 구조를 파악하며 읽는 데 익숙해졌다면
요약은 그리 어렵지 않다. 요약할 때 가장 중요한 점은 크게
두 가지다.

① 기사에서 전달하고자 하는 내용 파악하기
　　문단별로 주요 내용을 요약하며 핵심을 파악한다.

② 근거가 되는 객관적인 자료 파악하기(통계 자료, 수치 변화, 정부 발표 등)

객관적인 통계 자료도 작년 동기나 지난달 등 비교 대상에 따라 다르게 보일 수 있다. 기업의 매출이나 영업이익, 순이익 등도 기준을 언제로 잡느냐, 어떤 기업과 비교하느냐에 따라 다르게 생각할 수 있다. 정부 발표도 기자가 일부만 확대해서 편향된 기사를 작성할 가능성이 있으므로 기자의 의도와 근거 자료를 파악하고 다르게 해석할 여지는 없는지 생각해봐야 한다.

기사에서 기자가 전달하고자 하는 내용은 제목과 요약문에 잘 나타나있다. 그런데 기자가 조사한 내용이 정확하지 않거나 기자의 예상이 틀렸을 수도 있다. 그렇기 때문에 통계 자료나 수치 변화, 정부 발표 등을 읽으며 검증하는 과정이 필요하다. 즉, 의문이 생기면 다른 언론사에서 보도한 같은 내용의 기사를 찾아서 읽어봐야 한다.

오른쪽 표는 내가 만든 신문 기사의 스크랩 양식이다. 본인에게 편리한 양식으로 자유롭게 변형해 사용하면 된다. '내 생각'란에는 해당 기사에서 보도한 일이 어떻게 진행될지, 다음에는 어떤 기사를 살펴봐야 할지 등의 본인 생각을 자유롭게 적으면 된다.

제목			날짜	

(기사 원문)

요약

용어	내 생각

스마트폰으로 기사를 읽는다면 라이너라는 어플리케이션을 활용해 쉽게 스크랩할 수 있다. 자세한 사용 방법은 3장에서 소개했다.

┃ 5단계 : 한 분야의 여러 개 기사 요약하기(30분)

5단계에서는 기사 여러 개를 요약한 뒤 본인의 생각을 정리한다. 추가로 오늘 읽은 기사들에 대한 총평도 남긴다. 4단계가 익숙해졌다면 5단계는 시간만 조금 더 투자하면 된다. 스크랩 양식이나 기사를 요약하는 방법은 4단계와 동일하다.

예를 들어 부동산 관련 기사를 여러 개 스크랩한다면 부동산 정책, 시장 흐름, 개발 호재 등이 포함된 기사들을 각각 요약하고 각 기사에 대한 본인의 생각을 적은 뒤 전체적인 총평을 정리한다. 마찬가지로 주식 투자 관련 기사를 여러 개 스크랩한다면 금리 흐름, 산업 전망, 기업 실적 등이 포함된 기사들을 각각 요약하고 각 기사에 대한 본인의 생각을 적은 뒤 총평을 정리한다.

한 분야의 기사들를 보는 눈이 생기면 다른 분야를 볼 수 있는 여유가 생긴다. 여러 분야를 볼 수 있게 되면 더 넓은 관점에서 세상의 흐름을 바라보는 눈이 생긴다. 5단계가 습관화돼 매일 30분씩 꾸준히 세상을 관찰하다 보면 날로 통찰력이 높아질 것이다.

경제 기사를 읽는 나만의 루틴 찾기

무료로 경제 신문을 읽는 방법과 습관 기르기 5단계를 살펴봤다. 바로 시작하는 게 가장 좋지만 아직도 막막한 사람들을 위해 경제 기사 읽기 추천 루틴을 소개한다. 경제 기사를 효과적으로 읽으려면 집중할 수 있는 공간과 시간이 필요하다. 여기서 중요한 점은 고정된 시간의 확보 여부다.

본인에게 맞는 방법이 없으면 가장 실행하기 쉬운 방법을 선택하면 된다. 미루면 나아지는 것은 없다. 지금 가장 끌리는 방법을 선택해 실행에 옮기자.

| 집에서 새벽 시간 활용하기

새벽은 본인을 위해 투자하기 가장 좋은 시간이다. 잠을 통해 회복한 에너지를 경제 공부에 우선적으로 투자할 수 있다. 식탁이나 소파에 공간을 정해놓고 일종의 의식처럼 루틴 만들기를 추천한다.

집에서 별도의 공간을 마련했다면 스마트폰보다는 태블릿 피시나 컴퓨터의 큰 화면으로 기사 읽기를 추천한다. 또한 읽는 기사의 수가 적을 때는 디지털 기기를 이용해도 되지만 수가 점점 많아지면 종이 신문이 월등히 좋다. 우선 본인에게 가장 쉬운 방법으로 시작한 뒤 조금씩 발전시키자.

| 집에서 저녁 시간 활용하기

새벽에 시간을 내기 어렵다면 저녁 시간 활용하기를 추천한다. 활용 방법은 새벽 시간과 동일하다. 하지만 저녁에 기사를 읽는 데는 두 가지 장애물이 있다. 첫 번째는 하루 동안 이미 많은 에너지를 사용해 마냥 쉬고 싶을 수 있고, 두 번째 는 늦은 시간까지 이어지는 저녁 약속이 있으면 기사 읽기를 빼먹을 가능성이 있다. 이런 점에 유의해 시간과 분량을 정 하면 좋다.

시간을 정해 꾸준히 기사를 읽어도 저녁에는 새벽에 비해 상대적으로 최신 기사를 늦게 읽는 듯한 기분이 들 수 있다. 이런 사람들을 위해 65쪽에 다음 날 보도될 기사를 미리 보 는 방법에 대해 소개했으니 참고하길 바란다.

| 집에서 시간을 낼 수 없다면?

출퇴근 시간이 여유로운 사람들은 스마트폰 이용을 추천 한다. 지하철이나 버스에서 네이버의 신문보기 서비스를 이 용하면 손쉽게 기사를 읽을 수 있으며 자세한 이용 방법은 3장에서 설명했다. 끝까지 읽지 못해도 부담 갖지 말고 꾸준 히 하기를 목표로 하자.

주의할 점은 유튜브나 게임, 연예 기사 등 다른 것에 시선 을 뺏기면 안 된다. 추천 기사보다는 오늘자 종이 신문에 실린 기사들 위주로 보는 게 좋다. 경제 기사를 꾸준히 읽다 보면 다른 소식보다 경제 이야기가 더 재미있어지는 때가 올 것이다.

출퇴근 시간도 활용하기 어렵다면 매일 특정 시간에 알람이 울리도록 해 그 시간이 되면 아무 생각 말고 기사를 읽는 것도 방법이다. 스마트폰에 기본으로 설치돼있는 스케줄 관리 어플리케이션을 사용하거나 'TickTick'이라는 스케줄 관리 어플리케이션을 추천한다. iOS와 안드로이드 운영체제 모두 사용이 가능하다. TickTick의 경우 매일 과제를 수행했는지 달력으로 볼 수 있고 과제의 달성 여부를 여러 통계자료로 제공해 한눈에 파악하기 쉽다. 이 외에도 유용한 어플리케이션이 많으니 본인에게 맞는 것을 선택해 활용하면 된다.

❙ 주간지와 월간지 읽기

주간지와 월간지에는 일간지보다 자세한 내용이 실린다. 매일 발행되는 일간지의 경제 기사도 읽고 시간적 여유가 있다면 주간지와 월간지도 함께 읽기를 추천한다. 일정 기간

지속적으로 보도됐던 사건의 정리된 글을 읽으면 전체적인 흐름을 파악하는 데 도움이 된다. 또한 평일에 놓친 경제 기사가 있다면 비교적 짧은 시간 안에 이슈들을 정리할 수 있다.

주간지로는 「동아비즈니스리뷰DBR」, 「더스쿠프」, 「매경 이코노미」, 「한경비즈니스」를, 월간지로는 「취업에 강한 에듀윌 시사상식」을 추천한다. 더불어 '밀리의 서재'라는 전자책 어플리케이션으로 읽기를 추천한다. 매달 일정액의 구독료를 내면 다양한 책을 비롯해 위에서 언급한 주간지와 월간지 모두 읽을 수 있다. 언론사별로 구독하면 따로 구독료를 지불해야 하지만 밀리의 서재에서는 제한 없이 읽을 수 있어 경제적으로 이익이다.

새로운 경제 소식에 관심을 갖고 노출되는 시간을 늘려나가다 보면 본인도 모르는 사이 경제 지식이 눈덩이처럼 불어나있을 것이다.

다음 날 기사를 미리 보는 방법

저녁에 기사를 읽으면 새벽에 비해 최신 소식을 늦게 접하는 것 같아 아쉬움이 남을 수 있다. 기사에 보도된 내용이 이미 시장에 반영됐을 수 있으니 '지금 읽어서 무슨 소용이지?'라는 생각이 든다.

그런데 다음 날 보도될 기사를 미리 읽을 수 있다면 어떨까? 다른 사람들이 새벽에 읽을 기사를 미리 읽어보고 생각을 정리하거나 주식 투자를 한다면 어떤 종목을 사고팔지 전략을 구상해볼 수도 있다.

매일경제의 경우 언론사에서 공식적으로 '미리보는 매일경제³' 서비스를 제공한다. 종이 신문 형태로 PDF 파일을 제공해 가독성이 좋다. 하지만 기사 읽기 초보자라면 매월 10만 원 상당의 가격이 부담스러울 수 있다.

---

3 https://digital.mk.co.kr/new/previewGuide.php

다음 날 보도될 기사를 무료로 보고 싶다면 '네이버 뉴스'를 이용하면 된다. 종이 신문 형태로는 볼 수 없지만 언론사들의 기사 무료 보기가 가능하다.

태블릿 피시나 컴퓨터를 이용한다면 먼저 네이버 뉴스에 접속한 뒤 우측 상단의 '전체 언론사 [전체 언론사]' 탭을 클릭한다. 전체 언론사 탭이 나타나지 않는다면 인터넷 창을 최대화하면 보일 것이다. 언론사들이 정렬된 화면이 나타나고 각 언론사 이름 옆에 신문지 아이콘 [📰]이 있으면 종이 신문에 실린 기사 보기가 가능한 언론사다. 화면에서 보고 싶은 언론사를 선택한 뒤 '신문게재기사만 [📰 신문게재기사만]' 탭을 클릭하면 종이 신문에 실린 기사들을 순서대로 볼 수 있다. 날짜 부분에 있는 우측 화살표 [< 2022.02.02. > 📅]를 클릭하면 다음 날 기사를 미리 볼 수 있다. 물론 모든 시간대에 이용 가능한 서비스는 아니고 저녁 6시가 지나야 이용이 가능하다.

스마트폰으로 보는 방법은 73쪽에서 자세히 설명했다. 날짜 부분에 있는 우측 화살표 [< 2022.02.02.수 📅 >]를 눌러 다음 날 기사를 미리 볼 수 있다. 다만 스마트폰으로 보는 경우 밤 12시가 넘어야 서비스 이용이 가능하다.

"나무를 베는 데 1시간이 주어진다면
도끼를 가는 데 45분을 쓰겠다."

에이브러햄 링컨
Abraham Lincoln

3

실전 리딩 2단계 :
경제 기사 스마트하게 읽기

종이 신문 vs 디지털 신문

경제 기사는 크게 종이 신문과 디지털 신문 두 가지 방법으로 읽을 수 있다. 두 방법은 장점과 단점이 명확해 어느 것을 선택하든 조금의 부족함은 있다.

종이 신문은 분량이 일정하고 각 기사들이 짜임새 있게 배치돼있어 집중해서 읽을 수 있다. 하지만 휴대하며 읽기가 불편하고 매달 구독료가 들기 때문에 부담이 될 수 있다.

스마트폰이나 태블릿 피시 같은 디지털 기기를 이용하면

장소에 구애받지 않고 간편하게 기사를 읽을 수 있고 구독료가 무료라는 장점이 있다. 하지만 추천 기사나 댓글, 광고 등에 시선을 뺏겨 몰입도가 떨어질 수 있다. 또한 온라인에는 끝도 없이 기사가 올라오기 때문에 하루에 얼마나 읽어야 하는 것인지 답답하다.

이런 단점을 극복하기 위해 오랜 고민 끝에 경제 기사 읽기 초보자에게 가장 적합한 방법을 찾았다. 바로 디지털 기기로 종이 신문의 기사를 읽는 것이다. 종이 신문의 장점인 기사가 실린 위치나 분량을 보고 중요도를 파악할 수 있고, 디지털 신문의 장점인 장소에 구애받지 않고 무료로 기사를 읽을 수 있다.

본 3장에서는 디지털 신문을 무료로 보는 방법에 대해 자세히 다룬다. 더불어 도움이 되는 서비스와 어플리케이션도 함께 소개했다. 어플리케이션의 사용 방법과 추가로 알아두면 유용한 내용들은 동영상으로도 준비했으니 해당 페이지에서 참고하면 된다.

새로운 도구를 처음 배우고 익히는 일은 언제나 힘들다. 하지만 익숙해지는 시간을 견디면 보다 효율적인 경제 기사 읽기가 가능하다.

2

온라인에서 종이 신문 무료로 읽기

가장 추천하는 방법은 네이버에서 제공하는 '신문보기'라는 서비스로, 스마트폰과 태블릿 피시, 컴퓨터 모두 접속이 가능하다. 또한 매일경제의 '오늘의 매경'을 이용해도 좋다. 신문보기와 비슷한 성격을 가진 서비스로, 광고나 댓글이 없어 기사에 더 집중할 수 있다. 한국경제에서 제공하는 서비스 중에는 초보자를 위한 뉴스레터 「경제야 놀자」와 주간경제논술신문 「생글생글」을 추천한다.

네이버의 '신문보기' 활용하기

우선 스마트폰을 이용해 네이버에서 종이 신문에 실린 경제 기사 읽는 방법을 알아보자. 어렵지 않으니 차근차근 따라 해보자.

① 네이버에서 '네이버 뉴스'를 검색한 뒤 접속한다.

② 상단의 메뉴 탭을 좌측으로 쓸어 넘겨 '신문보기' 탭을 누른다.

③ 각 언론사들의 1면 기사가 정렬돼 나타난다.

④ 원하는 언론사의 기사 제목을 누르면 종이 신문에 실린 순서대로 기사를 볼 수 있다.

위 방법이 번거롭다면 스마트폰으로 오른쪽의 QR 코드를 찍어 네이버의 신문보기 서비스로 바로 이동해도 된다. 태블릿 피시와 컴퓨터로 네이버에 접속해 신문보기 서비스를 이용하는 과정도 스마트폰과 동일하다. 다만 태블릿 피시와 컴퓨터는 화면이 커 위의 ②번 과정은 생략할 수 있다.

네이버의 신문보기 서비스를 활용하면 온라인에서 무료로

종이 신문에 실린 기사를 볼 수 있다. 종이 신문은 월요일부터 토요일까지 발행되고 일요일에는 발행되지 않는다. 매일 경제 기사를 읽는 습관을 기르고 싶다면 일요일에는 지난 한 주 동안 읽었던 기사 중 중요한 기사를 복습해보는 것도 좋다. 아니면 일요일에는 주단위로 발행되는 매거진 「매경이코노미」나 「한경비즈니스」 등을 봐도 좋다.

여러 언론사의 기사를 보고 싶다면 한 언론사의 신문을 정독한 뒤 다른 언론사의 신문은 제목만 읽는 방법도 있다. 같은 사건을 다루더라도 언론사마다 바라보는 관점이 달라 기사 내용이 다를 수 있다. 여러 기사를 접하다 보면 한 가지 사건에 대해 입체적으로 볼 수 있는 눈이 길러진다.

| 매일경제의 '오늘의 매경' 활용하기

매일경제에서는 오늘의 매경이라는 서비스를 제공하는데, 네이버의 신문보기와 크게 다르지 않다. 컴퓨터를 이용할 때는 매일경제 사이트[4]에 접속한 뒤 상단의 '오늘의 매경 오늘의 매경' 탭을 클릭하면 된다. 태블릿 피시를 이용할 때

---

4 www.mk.co.kr

는 컴퓨터와 마찬가지로 사이트에 접속해도
되고, 어플리케이션을 설치한다면 안드로이드
운영체제의 경우 '매일경제 Tablet'을, iOS 운
영체제의 경우 '매일경제'를 다운로드한다. 어플리케이션을
실행한 뒤 상단의 '오늘의 매경 오늘의 매경' 탭을 누르면 된다.

　날짜별로 종이 신문 각 면 기사들의 제목과 요약문을 순서
대로 볼 수 있다. 또한 아래 이미지에서 보듯이 우측에 위치
한 '지면신문' 이미지를 통해 실제 종이 신문에 기사가 어떻
게 배열돼있는지도 확인할 수 있다. 스마트폰으로는 오늘의
매경 서비스를 이용하기가 불편해 추천하지 않는다.

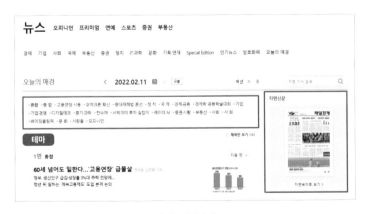

출처 : 매일경제

　오늘의 매경이 네이버의 신문보기 서비스보다 나은 점은

앞장 이미지에서 보듯이 종이 신문 각 면의 테마를 볼 수 있다는 것이다. 또한 기사 중간에 광고가 없고 댓글을 달 수 없어 온전히 기사 내용에 집중할 수 있다.

한국경제의 뉴스레터 활용하기

한국경제는 매일경제처럼 종이 신문에 실린 기사를 온라인에서 무료로 보는 서비스는 제공하지 않는다. 대신 다양한 뉴스레터를 발행하니 이를 잘 활용하면 경제 공부에 도움이 된다. 초보자에게 추천하는 뉴스레터는 「경제야 놀자」다. 매주 화요일과 목요일에 발행되며 최신 기사와 경제학 이론을 적절히 섞어 쉽게 설명한다. 뉴스레터 사이트[5]나 왼쪽의 QR 코드를 통해 접속하면 구독 신청 화면으로 이동한다. 「경제야 놀자」는 경제 용어를 최신 소식과 함께 공부할 수 있어 효율적이며 뉴스레터 중간에 내용과 관련된 테셋TESAT[6] 문제도 제공해 자격증 공부에도 도움이 된다.

---

5   www.hankyung.com/newsletter

6   한국경제신문이 주최하는 국가공인 경제 이해력 검증 시험이다.

한국경제에서 매주 월요일에 발행하는 주간경제논술신문 「생글생글」도 초보자가 읽기 좋다. 「생글생글」은 중·고등학생을 대상으로 발행하는 신문이지만 주요 이슈를 잘 다루고 있으며 비교적 쉽게 쓰여져 일반 경제 신문보다 이해하기 쉽다. 우편으로 받으면 구독료를 내야 하지만 온라인상에서는 무료로 볼 수 있다. 방법은 「생글생글」 사이트[7]에 접속해 상단의 '지면보기' 서비스를 이용하거나 오른쪽의 QR 코드를 통해 해당 페이지로 바로 이동할 수 있다.

7　sgsg.hankyung.com

┌─────────────┐
│   │
│   │
│   **3**   │
│   │
│   │
└─────────────┘

어플리케이션으로
경제 기사 스마트하게 읽기

신문을 읽다 보면 중요한 내용에 줄을 긋고 싶을 때가 있다. 하지만 디지털 기기로 신문을 읽으면 줄 긋기가 애매하다. 매번 출력해서 줄을 긋기도 보관하기도 번거롭다. 또한 좋은 기사를 보면 저장해두고 싶을 때가 있다. 간단히 메모를 하거나 본인의 생각 등을 덧붙여 기사 내용을 정리하고 싶다. 이런 상황에 딱 맞는 어플리케이션이 '라이너'다. 라이너를 활용하면 스마트폰이나 태블릿 피시를 비롯해 컴퓨터에서도 간편하게 기사를 스크랩해 의견을 남기고 분류하기 좋다. 본 책에서는 스마트폰과 태블릿 피시에서 사용하는 방법을 설명했다.

스크랩한 기사들을 좀 더 체계적으로 정리 및 관리하고 싶다면 '에버노트Evernote' 어플리케이션을 추천한다. 스마트폰이나 태블릿 피시에서 다운로드해 사용해도 되지만 컴퓨터에서 다운로드해 보다 넓은 화면으로 보는 게 편리하다. 라이너와 연동성도 좋아 활용도가 높다.

컴퓨터로 기사를 읽고 자료를 저장할 때 도움이 되는 브라우저인 네이버의 '웨일Whale'도 추천한다. 퀵서치, 듀얼탭, 사이드바 등의 기능을 활용하면 경제 공부를 할 때 효율적인 시간 활용이 가능하다.

본 책에서는 경제 기사를 읽는 데 도움이 되는 라이너, 에버노트, 웨일의 가장 기본적인 기능과 사용 방법을 소개했다. 각 어플리케이션의 추가 기능들은 직접 사용해보며 익히기를 추천한다. 더불어 책에 소개한 어플리케이션들의 사용 방법을 보다 따라 하기 쉽도록 추가 설명과 동영상도 준비했다. 책에 나오는 '동영상 보기' QR 코드를 통해 접속하면 확인할 수 있다.

┃ 신문에 형광펜을 긋다 : 라이너

  좋은 글이나 중요한 글을 보면 줄을 긋고 싶을 때가 있다. 온라인에서 기사를 읽을 때도 마찬가지다. 종이 신문에 형광펜으로 줄을 긋듯 디지털 신문에도 형광펜으로 줄을 그을 수 있는 어플리케이션이 라이너다. 라이너는 스마트폰이나 태블릿 피시에서 사용하기 좋으며 컴퓨터에서는 크롬Chrome 브라우저와 연동해 사용하면 편리하다.

  회원 가입만 하면 무료로 사용이 가능하나 프리미엄 서비스유료에 가입하면 더욱 다양한 기능들을 사용할 수 있다. 왼쪽의 QR 코드로 접속해 결제 정보를 입력하면 한 달 동안 무료로 프리미엄 서비스 체험이 가능하다. 본 책에서는 무료로 제공되는 기능들을 바탕으로 설명했다.

라이너 어플리케이션의 설치부터 기본 사용 방법에 대해 알아보자. 안드로이드와 iOS 운영체제 모두 사용이 가능하다.

① 설치 및 회원 가입하기

스마트폰이나 태플릿 피시에 라이너 어플리케이션을 다운로드해 실행한 뒤 회원 가입을 한다.

②하이라이팅하기(형광펜 긋기)

　　로그인한 뒤 첫 화면의 상단 검색창 ⟨🔒 getliner.com　　　　C 🔵⟩ 에 '네이버 뉴스'를 검색해 접속한다. 읽고 싶은 기사를 누른 뒤 제목 또는 본문을 손가락으로 꾹 눌러 하이라이팅하고 싶은 부분에 블록을 씌운다. 우측 아래에 나타나는 형광펜 아이콘 🔵 을 누르면 해당 부분이 하이라이팅된다.

③코멘트 남기기 & 하이라이팅 삭제하기

　　하이라이팅한 부분에 코멘트를 남기고 싶다면 해당 부분을 손가락으로 살짝 누른 뒤 나타나는 아이콘들 🔵 💬 ↗ 🗑 중 말풍선 아이콘 💬 을 누르면 코멘트 작성 화면으로 이동한다. 기사 내용을 요약하거나 용어 뜻을 입력하는 등 자유롭게 코멘트를 작성하면 된다. 하이라이팅을 삭제하고 싶다면 휴지통 아이콘 🗑 을 누르면 된다. 또한 동그라미 아이콘 🔵 을 누르면 원하는 하이라이팅 색을 선택할 수 있다. 다만 컴퓨터에서 라이너를 사용할 때는 하이라이팅 색 변경은 불가능하며 프리미엄 서비스에 가입해야 사용이 가능하다.

④하이라이팅한 기사 공유하기

　　라이너에서 하이라이팅한 기사를 공유하는 방법에는 두 가지가 있다. 첫 번째, 하이라이팅한 부분만 공유하고 싶다면 해당 부분을 손가락으로 살짝 누른 뒤 나타나는 아이콘들 ● ☺ ↗ 🗑 중 공유하기 아이콘 ↗ 을 누르면 된다. 두 번째, 하이라이팅한 기사 전문을 공유하고 싶다면 기사의 맨 상단 화면으로 이동한 뒤 하단에 나타나는 공유하기 아이콘 ↗ 을 눌러 창이 뜨면 '하이라이팅된 전문 ▤ 하이라이팅된 전문 ' 탭을 누르면 된다.

⑤하이라이팅한 기사 모아보기

　　하이라이팅한 기사가 여러 개면 모아볼 수 있다. 기사의 맨 상단 화면으로 이동한 뒤 하단에 나타나는 더 보기 아이콘 ⋯ 을 누른다. 창이 뜨면 '하이라이트 관리 ⌂ 하이라이트 관리 ' 탭을 눌러 이동한 화면에서 하이라이팅한 기사만 모여 있는 것을 확인할 수 있다.

⑥폴더 만들기

　　하이라이팅한 기사들은 주제별로 폴더에 분류해두면 편리하다. ⑤번 화면 상단의 '모든 하이라이트 모든 하이라이트 ˅ '

탭을 누르면 '폴더 추가 ＋ 폴더추가' 탭이 뜬다. 폴더 추가 탭을 눌러 원하는 폴더 이름을 입력한 뒤 저장하면 해당 이름으로 새 폴더가 만들어진다. 만들어진 새 폴더에 하이라이팅한 특정 기사를 담고 싶다면 각 기사 상단의 더 보기 아이콘 ··· 을 눌러 '폴더 이동 폴더이동' 탭을 선택하면 원하는 폴더에 기사가 담긴다.

⑦ 하이라이팅한 기사 태그하기

SNS에서 해시태그 기능을 사용하는 것처럼 라이너에서 하이라이팅한 기사들에도 태그를 추가할 수 있다. 태그 기능을 활용하면 같은 단어로 태그한 기사들을 한번에 모아 볼 수 있어 편리하다. ⑤번 화면에서 하이라이팅한 각 기사의 하단에서 '태그 수정 태그수정' 탭을 눌러 단어를 입력해 태그를 추가한다.[8] 만들어진 해시태그를 누르면 해당 단어로 태그된 기사들을 한번에 모아 볼 수 있다.

⑧ 하이라이팅한 기사 에버노트로 내보내기

하이라이팅한 기사를 에버노트로 내보내기 위해서는 컴

---

8 해시태그 기호(#)는 입력하지 않아도 자동으로 생성된다.

퓨터를 활용해야 한다. 컴퓨터로 라이너 사이트[9]에 접속한 뒤 로그인하면 스마트폰이나 태블릿 피시에서 하이라이팅한 기사들을 볼 수 있다. 먼저 하이라이팅한 각 기사 상단의 더 보기 아이콘 ··· 을 클릭해 '내보내기 [내보내기]' 탭을 선택한다. 내보내기 탭을 클릭해 뜨는 창에서 '에버노트 [🔵 에버노트]' 탭을 선택하면 내보내기가 된다. 다만 라이너에서 에버노트로 내보내려면 에버노트 회원 가입을 한 뒤 두 어플리케이션을 최초 한 번 연동해야 한다. 에버노트의 자세한 사용 방법은 87쪽에 설명했다.

❘ 요약한 기사로 노트를 만들다 : 에버노트

에버노트는 이름 그대로 노트를 만들 수 있는 어플리케이션이다. 평소 다이어리나 노트에 글을 쓰고 모아놓는 것처럼 디지털 공간에 글을 쓰고 모아놓는다고 생각하면 된다. 즉, '낱장의 종이 → 노트 → 노트를 모아놓은 파일'을 만드는 것이다. 에버노트는 스마트폰이나 태블릿 피시와 더불어

---

9 getliner.com

컴퓨터에서도 다운로드할 수 있는데, 본 책에서는 컴퓨터에서 다운로드해 사용하는 방법을 설명했다.

①설치 및 회원 가입하기

　　에버노트 사이트[10]에 접속한 뒤 회원 가입계정 만들기을 한다. 화면 상단의 '다운로드 다운로드 ' 탭을 클릭해 컴퓨터에 에버노트를 설치한 뒤 로그인한다.

②기본 기능 알아보기

　　에버노트의 홈 화면은 뒷장 이미지에서 보듯이 크게 왼쪽의 메뉴바와 오른쪽의 작업창으로 나눌 수 있다. 메뉴바의 기능 중 '노트'는 낱장의 종이를, '노트북'은 낱장의 종이를 모아놓은 노트라고 생각하면 된다.

10　evernote.com

③노트북 만들기

　　홈 화면의 메뉴바에서 노트북 탭에 마우스 커서를 대면
오른쪽에 더하기 아이콘▶【 노트북 ─────── +】이 나타난다.
더하기 아이콘을 클릭한 뒤 원하는 노트북 이름을 입력하
면 새 노트북이 만들어진다. 만들어진 새 노트북을 열어보
려면 메뉴바의 노트북 탭을 다시 클릭하면 오른쪽 작업창
에 새 노트북이 나타난다.

④노트 만들기

　　만들어진 새 노트북을 열면 기본으로 1개의 노트가 만
들어져 있다. 노트를 추가하고 싶으면 메뉴바에서 노트 탭
에 마우스 커서를 대고 오른쪽에 나타나는 더하기 아이
콘【 노트 ─────── +】을 클릭하면 된다.

⑤라이너와 에버노트 연동하기 & 기사 내보내기

라이너에서 에버노트로 하이라이팅한 기사를 내보내기 위해서는 두 어플리케이션을 최초 한 번 연동해야 한다. 라이너와 에버노트 모두 회원 가입을 완료했다면 84쪽에서 설명한 대로 라이너에서 에버노트 ⬤ 에버노트 탭을 클릭해 기사를 내보낸다. 이동하는 화면에서 로그인하면 에버노트에 액세스할 수 있도록 인증을 요구하는 화면이 나타나고 인증을 완료하면 라이너와 에버노트가 연동된다.

⑥기사 정리하기

라이너에서 에버노트로 내보내기한 기사는 메뉴바의 노트 탭을 클릭하면 오른쪽의 작업창에서 볼 수 있다. 작업창에서는 기사를 편집하거나 이미지, 표, 파일 등을 첨부할 수 있다. 라이너로 스크랩한 기사에 기반해 다양한 자료를 추가로 수집하고 편집하길 원한다면 에버노트를 적극 활용하면 좋다.

에버노트와 비슷한 마이크로소프트^{Microsoft}의 '원노트^{OneNote}'도 있다. 각 기능들의 명칭만 다를 뿐 사용법은 거의 비슷하며 에버노트와 마찬가지로 라이너와 연동해 사용할 수 있다.

▌기사 읽기가 편해지다 : 웨일

웨일은 네이버에서 만든 브라우저다. 구글^{Google}의 크롬이나 애플의 사파리^{Safari}처럼 인터넷 서핑을 하는 도구다. 웨일은 크롬을 기반으로 제작됐으며 네이버 아이디가 없어도 사용이 가능하지만 네이버 아이디로 로그인하면 더 많은 기능을 이용할 수 있다. 스마트폰이나 태블릿 피시에서도 어플리케이션을 다운로드해 사용할 수 있지만 본 책에서는 컴퓨터에서 웨일로 기사를 읽을 때의 장점 위주로 소개했다.

웨일은 네이버에서 제공하는 다양한 서비스를 손쉽게 누릴 수 있도록 설계됐다. 본 책에 모두 담을 수 없을 만큼 다양한 기능들이 많으니 책에서 설명하는 것 외에 직접 사용해보며 본인에게 유용한 기능들을 찾아가길 바란다.

①설치 및 회원 가입하기

포털 사이트에서 '네이버 웨일'을 검색해 다운로드한다. 컴퓨터에 설치한 뒤 실행하면 로그인을 하지 않고 사용하거나 기존 네이버 아이디가 있다면 손쉽게 로그인해 사용할 수 있다.

②퀵서치 기능 이용하기

웨일을 실행한 뒤 '네이버 뉴스'를 검색해 접속한다. 읽고 싶은 기사를 클릭해 읽는 도중 모르는 용어가 있으면 해당 용어에 블록을 씌운다. 주변에 퀵서치 아이콘 이 나타나고 클릭하면 아래 이미지 같은 작은 창에 용어에 대한 간략한 설명 창이 뜬다. 자세한 설명을 보고 싶다면 '더보기 더보기 ' 탭을 클릭하면 된다. 그러면 화면 오른쪽에 검색 결과가 나타난다. 용어 뜻을 알아보고자 새로운 창을 띄우지 않아도 돼 편리하다.

③듀얼탭 기능 이용하기

듀얼탭은 하나의 화면에 2개의 인터넷 창을 띄워 연동시키는 기능이다. 보통 온라인에서 기사를 볼 때 한 기사를 읽은 뒤 뒤로가기 버튼을 눌러 다른 기사를 읽는다. 그런데 듀얼탭 기능을 이용하면 읽고 싶은 기사를 왼쪽 창에서 클릭하면 오른쪽 창에서 해당 기사의 본문으로 이동해 시간을 아낄 수 있다.

먼저 웨일을 실행한 뒤 우측 상단의 듀얼탭 아이콘 [] 을 클릭한다. 화면이 2개로 나뉘며 오른쪽에 새로운 창이 뜬다. 읽고 싶은 기사를 왼쪽 창에서 클릭하면 오른쪽 창에 해당 기사의 본문으로 이동하는 것을 볼 수 있다. 두 창의 연동을 해제하고 싶다면 오른쪽 창 우측 상단의 사슬 모양 아이콘 🔗 을 클릭해 해제하면 된다.

④사이드바 기능 이용하기

사이드바는 웨일 인터넷 창 오른쪽에 띄어진 메뉴바를 카리킨다. 네이버에서 기본으로 제공하는 기능들을 비롯해 자주 이용하는 사이트 바로 가기를 추가할 수 있어 잘 활용하면 큰 만족감을 얻을 수 있다.

바로 가기 추가 방법은 웨일을 실행한 뒤 인터넷 창 오른쪽 사이드바 맨 아래의 더하기 아이콘 ⊕ 을 클릭한다. 새로 나타나는 창의 검색창 [주소 입력   추가] 에 해당 사이트의 주소를 입력하고 '추가' 버튼을 클릭한다. 그러면 사이드바 맨 아래에 해당 사이트 바로 가기 아이콘이 추가

되는 것을 확인할 수 있다. 참고로 '네이버 증권' 바로 가기를 추가해놓으면 클릭 한 번으로 주가를 볼 수 있어 편리하다.

⑤ 스크랩북 기능 이용하기

스크랩북 기능은 스마트폰이나 태블릿 피시와 연동해 이용하기 좋다. 스마트폰이나 태블릿 피시에서 기사를 손쉽게 저장하고 저장한 기사는 컴퓨터에서 다시 볼 수 있다.

우선 스마트폰이나 태블릿 피시에 'Whale' 어플리케이션을 다운로드한 뒤 실행한다. 안드로이드와 iOS 운영체제 모두 사용이 가능하다. 컴퓨터와 마찬가지로 네이버 뉴스에 접속한 뒤 읽고 싶은 기사를 눌러 우측 하단의 더 보기 아이콘 ☰ 을 누른다. 나타나는 창에서 스크랩북 아이콘 ♥ 을 누른 뒤 이동하는 화면 하단의 더하기 아이콘 ● 을 누르면 해당 기사가 추가되는 것을 확인할 수 있다. 컴퓨터에서는 웨일을 실행한 뒤 사이드바에서 스크랩북 아이콘 ◖◗ 을 클릭하면 스마트폰이나 태블릿 피시에서 스크랩한 기사들을 다시 볼 수 있다.

4

어플리케이션으로
경제 기사를 읽는 습관 기르기

라이너 어플리케이션 사용 방법을 익혔다면 50쪽에서 설명한 경제 기사를 읽는 습관 기르기 5단계에 적용해보자. 1단계와 2단계는 별도의 어플리케이션을 사용하지 않아도 실행할 수 있어 생략했다.

▎3단계 : 기사의 주요 내용에 밑줄 긋기

　3단계에서는 기사의 구조를 파악하며 읽어야 한다.[54쪽 참조] 우선 라이너로 네이버 뉴스에 접속해 원하는 기사를 읽는다. 제목과 본문을 읽으면서 핵심인 내용과 그것의 근거가 되는 내용에 하이라이팅한다. 폴더를 만들어 하이라이팅한 여러 개 기사를 주제별로 분류해두면 나중에 다시 찾아보기 편리하다. 태그 기능을 이용해 날짜를 입력해두면 특정 일자에 읽은 기사들을 모아 볼 수도 있다.

▎4단계 : 기사의 주요 내용 요약하기＋모르는 용어 정리하기

　4단계에서는 기사의 내용을 요약하는 것이 핵심이다.[55쪽 참조] 3단계에서 하이라이팅을 했다면 4단계에서는 하이라이팅한 부분에 코멘트를 남긴다. 모든 부분에 코멘트를 남길 필요는 없고 처음이나 마지막 부분에 기사 전체의 요약이나 본인의 생각 등 코멘트를 작성하면 된다.

　또한 기사를 읽다가 모르는 경제 용어가 나오면 코멘트 기능을 사용해 뜻을 정리해두면 좋다. 용어 뜻을 찾으면서 공부도 되고 나중에 기사를 다시 읽을 때 뜻을 몰라 헤매는 일이 없어 편리하다. 하이라이팅 색은 여러 가지를 선택할 수 있으니 기사의 핵심 내용과 용어는 다른 색으로 하이라이팅 해두면 구분하기 쉽다. 태그 기능을 이용해 용어 코멘트를 작성한 기사에 '#경제용어'라고 입력해두면 해당 기사들만 모아 볼 수도 있어 경제 용어를 공부할 때 도움이 된다.

│ 5단계 : 스크랩한 기사 한곳에 모으기

라이너로 여러 기사를 읽고, 핵심 내용을 정리하고, 코멘트를 남겼다면 이것들을 모아 하나의 노트로 정리해두면 좋다. 라이너의 폴더 기능을 사용해도 되지만 내보내기를 통해 에버노트로 정리하기를 추천한다. 5단계에서는 4단계에서 실행한 여러 기사들에 대한 총평을 남겨야 하므로58쪽 참조 종합적인 내용을 정리하고 총평을 남기기에는 에버노트가 훨씬 편리하다.

디지털 기기 200% 활용하기

본 책에서 말하는 디지털 기기는 스마트폰과 태블릿 피시, 컴퓨터로 한정하겠다. 요즘에는 스마트폰을 사용하지 않는 사람은 거의 없다. 그리고 회사나 집에 데스크톱이나 노트북 등의 개인 컴퓨터를 갖고 있는 사람들이 많다. 태블릿 피시도 가성비 좋은 기기들이 많이 출시돼 부담스럽지 않은 가격에 구매가 가능하다.

스마트폰, 태블릿 피시, 컴퓨터 세 기기는 기사를 보는 데 있어 장단점이 명확하다. 스마트폰은 휴대성이 좋아 출퇴근길이나 이동 중에 기사를 읽기 좋지만 차근차근 읽으며 생각을 정리하기에는 화면이 작아 아쉬운 점이 있다. 반면 컴퓨터는 큰 화면으로 기사를 읽는 동시에 문서 작성도 할 수 있어 효율적이지만 아무 곳에서나 펼쳐서 기사를 읽기에는 스마트폰에 비해 휴대성이 떨어진다. 태블릿 피시는 적당한 휴대성과 적당한 효율성을 갖고 있지만 적당함은 곧 애매함을 의미하기도 한다. 이동 중에 또는 집에서 사용하기에 애매한 경우가 있다.

… 기사가 잘 읽히는 장소와 시간에 맞춰 기기를 선택하자

경제 기사 읽기에서 가장 중요한 점은 꾸준히 읽는 것이다. 읽어야 요약도 하고 생각도 정리할 수 있다. 따라서 먼저 기사를 읽기에 가장 편한 장소와 시간을 정한 뒤 그 장소와 시간에 사용할 기기를 정해야 한다.

새벽이나 저녁에 집에서 기사를 읽는다면 태블릿 피시가 좋다. 출퇴근길에 기사를 읽는다면 스마트폰이 더 편리하다. 일찍 출근해서 본인 자리에서 기사를 읽는다면 컴퓨터로 읽는 게 가장 효율적이다.

… 여러 기기로 기사를 읽더라도 저장은 한곳에 하자

나는 스마트폰, 태블릿 피시, 노트북을 가지고 있다. 사용하는 기기가 많다 보니 다양한 상황에서 기사를 읽는데, 나중에 읽을 기사나 중요한 기사를 즐겨찾기에 추가하거나 주소를 저장해도 어느 기기에 저장했는지 헷갈려 필요한 순간에 다시 보지 못한 경우가 허다했다.

이럴 경우 하나의 어플리케이션을 정해 한곳에 스크랩하기를 추천한다. 80쪽에서 소개한 라이너는 기사를 읽고 주요한 내용을 요약해 정리하는 데 최적화돼있다. 경제 기사를 읽는 데 사용하는 모든 기기에 라이너를 설치하고 한 계정으로 로그인해두면 내가 스크랩한 자료들이 한곳에 모이기 때문에 나중에 다시 보거나 정리하기 쉽다. 에버노트를 함께 활용해도 좋다.

···스크랩한 기사는 주기적으로 정리하자

기사를 한곳에 스크랩할 때 주의할 점은 주기적으로 정리해야 한다는 것이다. 매일 기사를 읽다 보면 스크랩한 기사가 상당히 많이 쌓인다. 쌓인 기사들을 미리 정리해두지 않으면 읽고자 하는 기사를 찾는 데 많은 시간을 쓰게 되고 그렇게 되면 스크랩해놓은 의미가 없어진다. 나중에 활용하기 위해 모아둔 것인데, 찾는 데 오랜 시간이 걸려 활용하기 힘들다면 기사를 다시 찾아보지 않을 가능성이 높다.

그래서 필요한 기사와 필요하지 않은 기사를 구별해 주기적으로 정리하고 삭제하는 과정이 필요하다. 상당히 귀찮을 수 있으니 일정하게 날을 정해 그날 실행하는 것이 좋다.

···SNS에 글을 써보자

기사를 읽고 요약하고 정리하는 게 습관이 됐다면 SNS에 글을 써보자. 기사에 대한 본인의 생각을 SNS에 공유하면 다른 사람들이 읽을 수 있다는 생각에 기사를 더 깊이 읽게 되는 자극제가 된다. 또한 다른 사람들의 생각과 본인의 생각을 비교할 수 있고 주기적으로 글을 쓰다 보면 글쓰기 실력도 향상된다.

나는 태블릿 피시로 기사를 읽고 노트북을 사용해 블로그와 인스타그램에 글을 쓴다. 성능 좋은 블루투스 키보드가 있어도 스마트폰이나 태블릿 피시로 글을 쓰기는 상당히 불편하다. 화면이 작아 여러 창을 띄워 작업하는 데 한계가 있기 때문이다.

기사는 스마트폰이나 태블릿 피시로 읽더라도 컴퓨터를 사용하면 더 수월하게 글을 쓸 수 있다. 갖고 있는 기기들을 최대한 활용하자.

"본립도생"
(근본이 서면 자연스럽게 길이 생긴다.)

논어
論語

4

실전 리딩 3단계 :
필수 경제 용어 50개로
경제 기사 쉽게 읽기

```
┌─────────┐
│         │
│         │
│    1    │
│         │
│         │
└─────────┘
```

금리와 환율

금리 변화는 투자자에게 매우 중요한 사항이다. 우리는 예금이나 적금상품에 가입할 때 금리를 비교한다. 금리가 높을수록 이자를 더 많이 받기 때문이다. 대출을 받을 때도 금리는 중요하다. 금리가 높을수록 이자를 많이 내야 하기 때문이다.

금리는 돈을 빌려서 사용할 때 지불해야 하는 비용을 의미한다. 금리가 오르면 비용이 높아지고 금리가 내리면 비용이 낮아진다. 돈을 빌린 사람이면 비용이 부담될 것이고 돈을 투자한 사람이면 이자율이 높아질 것이다.

우리나라 금리에 가장 많은 영향을 주는 것은 미국이다. 투자자라면 미국의 금리 변화를 잘 살펴봐야 한다. 금리와 환율 관련 기사를 읽기 위해 꼭 필요한 경제 용어들을 살펴보자.

❶ 연방준비제도

1913년 연방준비법에 의해 미국 12개의 연방준비은행The Federal Reserve Banks을 연결하고 총괄하는 중앙기관이다. 산하기관으로는 최고 의사결정기구인 연방준비제도이사회The Federal Reserve Board of Governors; FRB와 통화 및 금리정책 결정기구인 연방공개시장위원회The Federal Open Market Committee; FOMC를 두고 있다.

흔히 '연준The Fed'이라 불리는 연방준비제도The Federal Reserve System는 미국의 중앙은행 역할을 한다. 미국은 우리나라와 달리 연방제를 채택하고 있다. 하나의 나라가 아니라 여러 개의 주가 연합을 한 형태의 나라다. 그래서 주마다 법도 다르고 선거제도도 독특하다. 연방준비제도라는 말도 이런 미국의 특수한 상황으로 인해 생겨났다.

연방준비제도는 중앙은행 역할을 하지만 사기업이다. 1907년 미국에서 경제 대공황이 발생하자 금융 시스템 붕괴를 대비할 방안이 필요했고 미국 정부는 JP모건J.P. Morgan 등의 대형

금융사들을 주축으로 시스템을 구축했다. 위험 상황을 대비해 여러 개의 주를 아우르는 금융기관이 필요했던 것이다. 그 결과 미국 정부와 민간 금융사들이 지분을 갖는 사립 은행 형태로 연방준비제도를 창설했고 중앙은행의 권한을 부여했다.

❷ 제로금리정책

금융기관끼리 부족하거나 남는 자금을 주고받는 단기금융시장콜시장에서 형성되는 금리콜금리를 사실상 0퍼센트에 가깝게 떨어지도록 하는 금융정책이다.

금융 시스템에 위기 상황이 오면 사람들은 돈을 움켜쥐게 된다. 빌려준 돈은 빨리 받으려 하고 갖고 있는 돈은 잘 빌려주지 않으려 한다. 따라서 시중에서 돈을 구하기가 힘들어지고 돈을 사용하는 비용인 금리는 오르게 된다. 금리까지 오르면 돈을 구하기는 더 힘들어져 시중에 돈이 돌지 않는 신용경색이 일어날 수 있다. 이런 상황을 방지하기 위해 단기금리를 0퍼센트에 가깝게 만들어 돈이 잘 돌 수 있게 만드는 것이 제로금리정책이다. 기업이 자금을 구하는 부담을 줄이고 개인의 투자와 소비를 활성화시켜 경기 침체를 극복하는데 도움이 될 수 있다.

제로금리정책은 최초의 조치이고 추가적으로 양적완화정책을 실시하는 경우가 많다. 단기금융시장은 만기가 1년 미만인 금융상품이 거래되는 시장을 말한다.

코로나19로 경제 위기가 발생할 것을 우려한
연방준비제도는 **제로금리정책**을 도입했다.

연방준비제도는 미국의 중앙은행으로, 우리나라의 한국은행과 비슷한 역할을 한다. 미국의 통화금융정책을 수행하는데, 대표적으로 기준금리를 결정한다. 경제 위기가 발생하면 중앙은행은 금리를 낮춰 위기를 극복하기 위한 시간을 번다. 돈을 구하기도 어려운데, 금리마저 높으면 기업들의 연쇄적인 파산으로 이어질 수 있고 이는 경제 위기를 더욱 심화시킬 수 있기 때문이다. 위기를 어느 정도 극복했다는 판단이 들면 다시 금리를 올리기 시작한다.

❸ 양적완화정책

금리를 내려도 경기 부양 효과가 없을 때 중앙은행이 직접 유동성을 공급해 신용경색을 해소하고 경기를 부양하는 통화정책이다.

벼농사를 짓는데, 가뭄이 들면 물을 보충해줘야 한다. 물이 부족하면 벼가 말라죽을 수도 있기 때문이다. 물을 보충하는 시기도 중요하다. 이미 말라죽은 벼는 물을 주어도 살아나지 않기 때문이다. 미국은 1929~1939년까지 경제 대공황을 경험하며 망가진 경제를 다시금 되살리는 과정이 얼마나 어려운지 깨달았다. 그래서 2008년 세계 금융 위기가 발생했을 때 연방준비제도에서 금융시장에 직접 돈을 공급함으로써 최악의 상황이 펼쳐지지 않도록 막았다. 이때 사용했던 방법이 양적완화정책이다. 중앙은행은 시중 은행들이 갖고 있는 국채를 사들여 자금을 공급한다.

❹ 테이퍼링

연방준비제도가 양적완화정책의 규모를 점차 축소해나가는 것을 말한다. 금융 위기가 발생하면 통화 유동성을 확대하고자 중앙은행은 시중에 자금을 공급하는 양적완화정책을 실시한다.

양적완화정책은 경제 위기 초입에 상황을 수습하는 데 도움이 된다. 하지만 기간이 길어지면 부작용이 생기기 시작한다. 인위적으로 논에 물을 많이 주면 벼가 썩는 것과 같은 원리다. 시장에 돈을 공급해 위기를 극복하는 것은 좋지만 너무 많이 풀린 돈이 인플레이션을 유발한다. 당장 위기에 처한 기업이나 사람들을 구제할 수는 있지만 자산 가격의 상승은 막을 수 없다. 즉, 주식이나 부동산의 가격이 지나치게 높아지면 자산을 가진 사람과 가지지 못한 사람의 차이는 갈수록 늘어나고 이는 또 다른 사회문제를 야기시킨다. 따라서 부작용이 심해지기 전에 양적완화정책을 점진적으로 축소하는 테이퍼링을 실시한다. 시중에 공급되는 유동성이 줄어들면 과도한 인플레이션을 방어할 수 있다.

경제 한 문장

양적완화정책으로 인플레이션이 심화되자
연방준비제도는 **테이퍼링**을 실시했다.

⋯⋯⋯⋯⋯⋯⋯⋯⋯⋯⋯⋯⋯⋯⋯⋯⋯⋯⋯⋯⋯⋯⋯⋯

연방준비제도는 양적완화정책을 통해 매달 1,200억 달러의 국채를 매입하고 있었다. 그런데 2021년 11월과 12월에 150억 달러씩, 2022년 1월부터 3월까지 300억 달러씩 매입량을 줄여 3월에는 테이퍼링을 종료하겠다고 발표했다.

테이퍼링을 실시하면 시중에 자금이 공급되는 양, 즉 유동성이 줄어들기 때문에 시장에 충격이 올 수 있다. 또한 테이퍼링 뒤에는 금리 인상도 이어져 시장에 큰 변화가 일어날 가능성이 높다.

❺ 외환보유액

중앙은행이나 정부가 비상사태를 대비해 비축하고 있는 외화 자금이다. 환율을 안정시키고 국가 신인도를 높이는 데 기여한다. 달러$, 엔¥, 유로€ 등의 기축통화 자산과 주요 선진국의 국채 등이 포함된다.

무역 등의 국제 거래에서는 기축통화, 즉 국제간의 결제나 금융 거래의 기본이 되는 화폐를 사용한다. 따라서 중앙은행은 금융기관이나 기업 등이 국제 거래에서 대금을 지급할 수 없을 때를 대비해 외환보유액을 확보해야 한다. 외환보유액이 부족하면 국가 신인도가 떨어져 환율이 높아지고 우리나라에 들어온 외국 자본이 급속도로 빠져 나갈 수 있다.

❻ 통화스와프

거래 당사자 간에 정해진 환율로 서로 다른 통화를 교환하고 일정 기간 뒤에 원금을 재교환하기로 약정하는 거래다. 외환 위기가 발생했을 때 자국 통화를 상대국에 맡기고 외국 통화를 단기로 빌리는 각국 중앙은행 간의 신용 계약이다.

2020년 코로나19 위기 때 통화스와프가 우리나라에 큰 도움을 줬다. 미국 금융시장의 위기로 달러 수요가 증가하고 우리나라의 외환보유액이 줄어들면서 외국 자본이 빠져 나가는 상황이 펼쳐졌다. 이런 상황에서 달러 환율은 계속 올라 IMF 사태 때의 위험을 이야기를 하는 기사도 많았다. 이번에도 달러 환율이 급등하며 같은 상황이 반복되는 게 아니냐는 우려가 시장에 퍼졌던 것이다.

하지만 미국과 통화스와프를 체결했다는 기사가 나온 뒤 이런 논란은 줄어들었다. 통화스와프는 정해진 환율로 통화를 맞교환할 수 있는 거래다. 따라서 미국과 통화스와프를 체결하면 우리나라에 달러가 부족해졌을 때 정해진 환율에 따라 바꿔올 수 있고 외환보유액이 증가하는 효과를 얻을 수 있다. 덕분에 우리나라의 달러 환율은 안정됐고 외국 자본의 유출도 줄어들며 안정을 찾았다.

통화스와프를 체결하면
외환보유액이 증가하는 효과를 얻을 수 있다.

통화스와프를 체결하면 정해진 환율로 정해진 금액 내에서 언제든 통화를 맞교환할 수 있다. 통화스와프는 외환보유액이 증가하는 효과를 내며 외환보유액이 부족한 상황에서 닥칠 수 있는 국가적 위기를 넘기는 데 도움이 된다.

❼ 기준금리

한 나라의 금리를 대표하는 정책 금리로, 우리나라의 경우 한국은행의 최고 의사결정기구인 금융통화위원회에서 매달 회의를 통해 결정한다.

기준금리를 올리거나 내리면 채권, 주식, 부동산 등의 가격에 큰 영향을 끼친다. 2020년 코로나19가 퍼지자 각 나라 정부는 감염을 막기 위해 사람들의 움직임을 제한했고 이것이 경제활동에도 지장을 주면서 세계적인 경제 위기로 전이될 가능성이 커졌다. 이에 각 나라의 중앙은행은 자국의 기준금리를 0퍼센트에 가깝게 낮췄다. 하지만 낮은 금리와 지나치게 많이 풀린 유동성으로 인해 물가가 오르고 자산 가격이 폭등하는 부작용이 나타나자 기준금리 인상을 고려하는 나라들이 늘어났다.

한국은행과 금융기관 간에 자금 거래 시 기준이 되는 금리이므로 일반인이 은행에서 돈을 빌리거나 맡길 때 접하는 금리와는 차이가 있다.

⑧ 고정금리와 변동금리

고정금리는 금융상품에 가입한 기간 동안 시중금리가 변해도 이자율이 변하지 않는 금리다. 변동금리는 금융상품에 가입한 기간 동안 일정한 주기로 시중금리를 반영해 이자율이 변하는 금리다.

용어 그대로 고정금리는 고정된 금리를, 변동금리는 변동되는 금리를 말한다. 금융상품의 금리는 금리 변동을 기준으로 고정금리와 변동금리로 나뉜다. 일반적으로 예금상품에는 고정금리를 많이 적용하는 반면, 대출상품에는 변동금리를 적용하는 경우가 많다. 금리 상승기인지 하락기인지에 따라 어떤 금리를 선택하는 것이 유리한지 잘 따져봐야 한다.

금리 상승기에 대출을 받을 때는
고정금리가 **변동금리**보다 유리하다.

대출을 받을 때 금리 조건을 고정금리와 변동금리 중
선택할 수 있다. 일반적으로 변동금리보다 고정금리가
조금 더 높다. 하지만 금리 상승기에는 변동금리가 지속
적으로 높아지기 때문에 고정금리보다 변동금리가 높
아지는, 금리가 역전되는 현상이 발생할 수 있다. 따라
서 금리 상승기에는 고정금리로 대출을 받는 것이 유리
하다.

❾ 명목금리와 실질금리

명목금리는 물가 변동을 고려하지 않는 금리로, 물가 변동을 고려하는
실질금리와 대비된다.

명목은 겉으로 드러난 것을 의미한다. 명목금리는 예금
이나 적금상품에 가입할 때 통장에 적힌 금리를 예로 들 수
있다. 실질금리는 물가 변동을 고려하는 금리로, 명목금리
에서 인플레이션율을 빼서 구한다. 예를 들어 은행에서 금

리 1퍼센트의 1년 만기 예금상품에 가입한 뒤 1년이 지나면 원금과 이자를 받는다. 1년 동안 1퍼센트의 이자를 받았는데, 그 사이 물가가 2퍼센트 올랐다면 이익이 아니라 손해를 본 것이나 마찬가지다. 원금과 이자를 합쳐도 1년 사이에 돈의 가치는 더 하락했기 때문이다.

❿ 표면금리와 실효금리

표면금리는 겉으로 드러나 변하지 않는 금리로, 채권의 액면 가액에 대한 연간 이자 지급률을 표시할 때 주로 사용된다. 실효금리는 실제로 지급받거나 부담하게 되는 금리로, 이자 계산에 대한 세금의 부과 여부 등에 따라 변한다.

표면금리는 겉으로 드러난 금리를, 실효금리는 세금 같은 외부 환경에 의해 실제로 적용되는 금리를 말한다. 예를 들어 은행에서 100만 원으로 금리 3퍼센트의 1년 만기 예금상품에 가입했다면 표면금리는 3퍼센트가 된다. 서류상으로 만기 시 받는 이자는 3만 원이지만 실제로 손에 쥐는 이자는 3만 원보다 적다. 15.4퍼센트의 세금을 내야 하기 때문이다. 이렇듯 예·적금 만기 시 세금을 제한 뒤 얻는 이자는 고지된 이자보다 적으며 이때의 금리가 실효금리다.

명목금리와 실질금리가 인플레이션을 고려한 용어라면 표

면금리와 실효금리는 부가적인 비용을 고려한 용어다.

대출을 받을 때는 **표면금리**뿐만 아니라
부가적인 비용이 포함된 **실효금리**를 따져봐야 한다.

예금통장에 표면금리가 1퍼센트로 나와 있더라도 만기 시 15.4퍼센트의 세금을 제하면 실효금리는 이보다 낮아진다. 게다가 요즘에는 예·적금상품 가입 시 일정 조건(신용카드 얼마 이상 사용, 매달 얼마 이하 납부 등)을 충족해야 하므로 실질적으로 얻는 이익은 더 적고 실효금리도 더 낮다. 대출을 받을 때도 금리 차이가 있다. 기업이 금융기관으로부터 대출 시 안정성을 높이기 위해 대출금 중 일부를 정기예금이나 정기적금 같은 구속성이 강한 예·적금상품에 묶어둬야 하는 경우가 있다. 지불하는 이자와 활용할 수 있는 돈을 비교하면 표면금리보다 높은 실효금리를 갖는다.

파월, 점진적 금리인상 예고…
향후 '빅스텝' 여지는 남겨

(매일경제 2022. 03. 03)

제롬 파월 미국 연방준비제도(Fed·연준) 의장이 2일(현지시간) 우크라이나 사태 속에서 기준금리 인상은 예정대로 진행해나갈 것임을 분명히 했다. 불확실성은 커지고 있지만 40년 만에 최고 수준을 기록 중인 인플레이션을 잡는 것이 무엇보다 시급하다고 판단한 것이다.

파월 의장은 이날 미 하원 금융위원회 청문회에 출석해 3월 연방공개시장위원회(FOMC) 정례회의에서 기준금리를 0.25%포인트 인상하겠다고 명시적으로 밝혔다. **요약** 우크라이나 사태의 불확실성 속에서도 미국의 연준 의장 제롬 파월은 기준금리를 0.25퍼센트포인트 인상할 것이라 밝혔다. (…중략…)

이날 더 주목할 발언은 이 뒤에 있었다. 파월 의장은 "인플레이션이 더 높아지거나 그 수준보다 지속해서 더 높을 경우

그때 우리는 한 번의 회의나 혹은 여러 회의에서 25bp(0.25%포인트) 이상 금리를 올려 더 공격적으로 움직일 준비가 돼 있을 것"이라고 말했다. 이른바 '빅스텝' 금리 인상을 배제하지 않겠다고 밝힌 것이다. **요약** 2022년 3월 기준 기준금리를 0.25퍼센트포인트 인상하지만 인플레이션 수준을 파악해 추후 한 번에 0.5퍼센트포인트 인상(빅스텝) 가능성도 언급했다. (…중략…)

파월 의장은 시장에 가장 큰 불확실성으로 남아 있는 대차대조표 축소(양적 긴축) 계획은 시기를 특정하지 않았다. 그는 "3월 회의에서 대차대조표 축소 문제를 좀 더 논의하겠지만 결론은 내리지 않을 것"이라고 밝혔다. (…하략…)

필수 용어   금리 인상

보충 용어   인플레이션 : 물가가 지속적으로 오르는 현상이다.
퍼센트포인트 : 두 백분율 간의 차이를 나타내는 단위다.
양적 긴축 : 양적 완화와 반대되는 개념으로, 보유 중인 자산을 축소하는 조치다. 중앙은행이 만기가 도래하는 채권을 재투자하지 않는 방법 등을 통해 시중의 돈을 거둬들이는 효과를 발휘한다.

기사 해설   연준은 코로나19로 인해 경제 상황이 악화되자 2020년 3월 초완화적인 통화정책을 실시했다. 하지만 이것의 부작용으로 인플레이션이 심화되는 현상이 발생했고 이를 방어하고자 2021년 11월 테이퍼링 시작에 이어 2022년 3월 0.25퍼센트포인트의 금리 인상을 실시했다. 금리를 올리면 시중에 돈이 줄어들고 이로 인해 수요가 줄어 인플레이션을 방어하고 물가를 안정시키는 효과가 있다. 하지만 연준은 향후 인플레이션 수준을 살펴 기준금리를 한 번에 0.5퍼센트포인트 인상(빅스텝)할 수도 있다는 가능성을 열어뒀다. 또한 양적 긴축 계획도 밝혔지만 구체적인 시점은 언급하지 않았다. 테이퍼링이 유동성이 늘어나는 양을 줄이는 것이라면 양적 긴축은 풀린 유동성을 직접적으로 회수하는 것이다.

기사 정리 2022년 3월 미국의 금리 인상이 시작됨에 따라 우리나라도 따라서 금리를 올릴 가능성이 높아졌다. 또한 연준은 수차례의 금리 인상과 더불어 양적 긴축도 시행하겠다는 계획을 밝혔다. 금리 인상으로 인해 수혜를 입는 업종과 위험한 자산은 무엇일지 파악해 투자 포트폴리오를 재구성해보자.

2

기업과 주식

주식 투자를 한다면서 정작 주식회사가 무엇인지 모르는 사람들이 많다. 적어도 주식회사가 왜 만들어졌는지, 주식이 어떤 의미를 갖는지는 알고 투자를 시작했으면 좋겠다. 그래서 투자를 고려 중이거나 이미 투자한 기업에 대한 기사를 이해하기 위한 기초적인 용어들을 정리했다. 적어도 이 용어들은 알고 주식 투자를 시작하길 바란다.

⑪ 주식회사

주식을 발행해 여러 사람으로부터 자본을 조달받는 회사다. 회사에 대한 권리와 의무를 주식이라는 단위로 나눴다.

주식회사는 1602년 네덜란드에서 처음 설립됐다. 당시 무역을 통해 큰 부를 축적하는 사람들이 늘어났는데, 무역을 위해 배를 띄우려면 많은 자금이 필요했고 동시에 위험도 따랐다. 돈을 빌려 사업을 시작했는데, 배가 난파되기라도 하면 파산뿐만 아니라 빌린 돈도 갚아야 했다. 이런 상황에서 위험을 분산하기 위해 여러 사람들이 돈을 모으되 사업이 실패했을 경우 자신이 낸 돈만큼만 손해를 보는 시스템이 생겼고, 이것이 바로 주식회사다. 회사의 지분을 주식의 형태로 분배했고 회사가 이익이 나면 배당금 형태로 이익을 나눠가질 수 있었다. 또한 주식은 다른 사람에게 판매할 수도 있었다.

⑫ 코스피와 코스닥

코스피는 우리나라 유가증권시장의 종합주가지수를, 코스닥은 전자거래시스템으로 운영되는 우리나라의 장외 주식거래시장을 말한다.

코스피Korea Composite Stock Price Index; KOSPI는 한국거래소의 유가증권시장에 상장된 기업들의 주식 가격을 모두 표시한 지표로, 유가증권시장에서 거래되는 수많은 종목들의 전체적인 주가 흐름을 보여준다. 유가증권시장에는 대부분 대기업이나 중견기업이 상장돼있으며 상대적으로 변동이 적다.

코스닥Korea Securities Dealers Automated Quotations; KOSDAQ은 코스피와 달리 주식거래시장을 가리키는 용어로, 첨단 벤처기업 중심인 미국의 나스닥Nasdaq을 본떠 만들었다. 코스닥 지수 KOSDAQ Index를 통해 코스닥에서 거래되는 종목들의 전반적인 주가 동향을 알 수 있다. 코스닥은 중소기업이나 벤처기업의 안정적인 자금 마련을 위해 만들어진 시장이므로 해당 기업들이 상장돼있으며 상대적으로 변동이 크다.

⑬ 기업공개

넓은 의미는 기업의 전반적인 경영 내용을 공개하는 것이고 좁은 의미는 주식을 다수의 투자자들에게 분산 매각하는 것을 말한다. 즉, 외부 투자자가 공개적으로 주식을 살 수 있도록 기업이 자사의 주식과 경영 내역을 시장에 공개하는 것이다.

기업공개Initial Public Offering; IPO는 기업을 설립한 뒤 처음으로 외부 투자자에게 주식을 공개하고 이를 매도하는 것이다. 투자자는 기업공개에 참여해 주식을 매수할 수 있고 기업은 기업공개를 통해 주식을 발행해 투자금을 확보할 수 있다.

일반 투자자는 공모주 청약을 통해 주식을 매수할 수 있다. 청약 시 주식 배정 형태는 균등배정 방식과 비례배정 방식이 있는데, 균등배정 방식은 일정 금액 이상을 낸 투자자들에게 모두 동일한 주식을 나눠주는 방식이고, 비례배정 방식은 투자금을 낸 비율에 따라 배정 주식 수를 결정하는 방식이다.

경제 한 문장

주식회사 A는 **기업공개**(IPO)에서 일반 청약 경쟁률이
2000:1에 달하는 흥행을 했다.

기업공개는 일반 투자자에게 주식을 매도하는 것으로, 기업은 기업공개 주관사를 선정하고 공모 주식 수가 많을 경우 여러 금융기관이 나누어 공모를 진행하기도 한다. 청약에서 흥행을 하면 해당 기업의 주식을 매수하려는 사람이 많음을 의미하고 이를 통해 상장일에 주가 상승을 기대할 수 있다.

⑭ 보통주와 우선주

보통주는 시장에서 거래되는 주식의 일반적인 형태로, 의결권을 행사할
수 있고 배당받을 권리가 있는 주식이다. 우선주는 의결권은 행사할 수
없으나 배당받을 권리가 우선되는 주식이다.

보통주는 기업의 주요 경영 사항에 대한 의결권을 행사할
수 있고 배당받을 권리가 있는 주식이다. 이와 비교해 우선
주는 기업의 주요 경영 사항에 대한 의결권은 행사할 수 없
으나 대신 배당을 더 받을 수 있는 주식이다. 투자금이 필요
한 기업이 새로운 주식을 보통주로 발행하면 대주주의 의사
결정 권한이 약화될 수 있으므로 우선주로 발행하는 경우가
많다.

⑮ 공매도

특정 종목의 주가가 하락할 것으로 예상되면 해당 주식을 보유하고 있
지 않음에도 주식을 빌려 매도하는 행위다.

공매도는 쉽게 말해 주식을 빌려서 판 뒤 현금을 확보하
고 해당 주식의 가격이 떨어지면 확보한 현금으로 주식을 사
서 갚은 뒤 남은 현금을 수익으로 갖는 투자 방식이다. 즉, 주
식을 빌려서 팔고 더 쌀 때 사서 갚기 때문에 차익을 얻을 수
있다. 주식을 빌리고 갚는다는 개념이 낯설게 느껴질 수 있

는데, 핵심은 주식 가격에 상관 없이 빌린 주식 수만큼 갚으면 된다는 것이다.

공매도가 전면 재개될 것으로 보이자
개인 투자자들이 우려를 표하고 있다.

· ·

공매도는 주가가 하락할 것으로 예상될 때 주로 사용되는 투자 방법이다. 2020년 3월 코로나19로 주식시장이 폭락하자 공매도가 전면 금지됐다. 그러나 주식시장이 안정을 찾으면서 공매도가 다시금 재개되면 특정 종목의 작은 악재에도 공매도 투자자들이 몰려 주가가 하락할 가능성이 있다. 개인 투자자들에게는 결코 좋은 소식이 아니므로 공매도 전면 재개에 대해 우려를 표하고 있다.

⑯ 유상증자와 무상증자

증자는 기업이 주식을 새로 발행해 자본금을 늘리는 것으로, 새로운 주식을 기업이 돈을 받고 판매하는 유상증자와 무상으로 주주들에게 나눠주는 무상증자가 있다.

유상증자는 기업이 새로 발행한 주식을 기존 주주나 새 주주에게 팔고 그 금액만큼 자본금을 증가시키는 것을 말한다. 일반적으로 유상증자는 기업이 운영자금 조달이나 빚을 갚는 데 사용되는 경우가 많아 악재로 받아들여지지만 사업 확장이나 인수 합병 등에 사용되면 긍정적으로 해석할 수 있다.

무상증자는 기업이 새로 발행한 주식을 기존 주주들에게 대금을 받지 않고 나눠주는 것을 말한다. 회계상 기업의 여윳돈잉여금을 자본금으로 옮기는 것으로, 이는 기업이 이익을 계속해서 누적하고 있다고 볼 수 있어 호재로 받아들여진다. 하지만 기업이 주식을 매수해놓고 일부러 주가를 띄우기 위해 무상증자를 발표하는 경우도 있어 주의해야 한다.

경제 한 문장

A 기업은 운영자금 마련을 위해
주주배정 방식 **유상증자**를 실시했다.

유상증자는 기업이 새로 주식을 발행해 자금을 확보하는 것이다. 주주배정 방식이란 기존 주주들을 대상으로 새로운 주식을 판매하는 방식으로, 기존 투자자들을 대상으로 추가 투자금을 모으는 것이다. 모든 주주들이 새로 발행하는 주식을 살 필요는 없고 원하는 투자자만 사면 된다.

★ 유상증자의 방식은 기존 주주에게 주식을 판매하는 '주주배정' 방식, 공모를 통해 투자자를 모집하는 '일반공모' 방식, 특정 금융기관이나 기업에 대량으로 주식을 판매하는 '제3자배정' 방식, 기존 주주에게 주식을 판매하고 남은 주식은 공모를 통해 투자자를 모집하는 '주주배정 후 실권주 일반공모' 방식으로 나뉜다. 주주배정이나 일반공모 방식의 유상증자는 일반적으로 악재로 받아들여진다. 기업은 돈이 필요하면 은행에서 대출을 받거나 채권을 발행할 수 있다. 하지만 이마저도 할 수 없는 경우에 선택하는 것이 유상증자다. 유상증자로 늘어난 자본금을 빚을 갚는 데 사용하는 경우가 많아 악재로 받아들여지는 것이다. 반면 제3자배정 방식은 대부분 호재로 받아들여진다. 자금 유치 목적이 명확하고 다른 기업으로부터 큰 금액의 투자를 유치한 결과로 볼 수 있기 때문이다. 유치한 자금으로 기업이 성장할 가능성이 높다. 따라서 유상증자 관련 기사를 볼 때는 기업이 유상증자를 하는 이유와 상황을 잘 살펴봐야 한다.

⑰ 유상감자와 무상감자

감자는 기업이 주식 수를 줄여 자본금을 줄이는 것으로, 소멸된 주식의 대가를 주주에게들에게 지급하는 유상감자와 아무런 보상을 하지 않는 무상감자가 있다.

유상감자는 자본금을 감소시킨 만큼 발생한 환급 또는 소멸된 주식의 대가를 기존 주주들에게 나눠주는 것을 말한다. 유상감자를 하면 자기자본이익률이 높아지는 효과가 있다. 자기자본이익률이란 자기자본으로 얼마나 많은 이익을 창출했는지 나타낸다. 자본$^{자본금+잉여금}$이 줄어들면 같은 이익을 내더라도 자기자본이익률이 더 높아지기 때문에 기업이 영업 활동을 잘 하고 있다고 해석할 수 있다. 따라서 유상감자는 대부분 호재로 받아들여진다.

무상감자는 기존 주주들이 아무런 보상도 받지 못하고 감자 비율만큼 보유한 주식 수를 잃는 것을 말한다. 기업이 무상감자를 하는 대표적인 이유는 자본 잠식$^{131쪽 참조}$을 해소해 상장 폐지를 피하기 위함이다. 무상감자를 하면 회계상 기업의 자본금이 잉여금으로 이동해 자본 잠식 상태를 벗어날 수 있다. 따라서 일반적으로 무상감자는 악재로 받아들여진다.

⑱ 어닝서프라이즈와 어닝쇼크

기업의 실적이 시장의 예측치보다 높은 경우를 어닝서프라이즈, 시장의 예측치보다 낮은 경우를 어닝쇼크라고 한다.

기업들이 실적을 발표하는 시즌인 어닝시즌Earning Season 에 시장이 예상했던 것보다 실적이 높으면 어닝서프라이즈 Earning Surprise, 낮으면 어닝쇼크Earning Shock라고 한다. 일반적으로 어닝서프라이즈는 주가 상승 요인이 되고 어닝쇼크는 주가 하락 요인이 된다.

경제 한 문장

어닝쇼크에 A 기업의 주가가 급락했다.

··

어닝쇼크는 기업의 실적이 시장의 예측치보다 낮은 경우를 말한다. 예를 들어 A 기업에 대한 증권사들의 예상 매출액은 100억 원이었는데, 실제 매출은 90억 원에 불과했다면 어닝쇼크가 발생한 것이다. 이는 악재로 받아들여져 기업의 주가가 하락하는 경우가 많다.

⑲ EPS

기업의 당기순이익을 기업이 발행한 총 주식 수로 나눈 값이다. 1년 동안 기업이 1주당 얼마나 많은 이익을 창출했는지 나타내는 지표로, 이것이 높으면 주가의 상승 요인으로 작용한다.

EPS^{Earning Per Share, 주당순이익}는 1주당 순이익이 얼마인가를 판단하는 지표다. 여기서 말하는 순이익은 당기순이익으로, 1년 동안 기업이 순수하게 벌어들인 돈을 의미한다. EPS는 기업이 얼마나 돈을 잘 버는지를 판단하는 기준이 된다. EPS가 높으면 돈을 잘 벌고 있는 것이고 EPS가 낮으면 돈을 못 벌고 있는 것이다.

⑳ PER

기업의 주가를 EPS로 나눈 값이다. 기업의 주가가 1주당 순이익의 몇 배인가를 나타내 주가가 적정한지 판단하는 데 도움이 된다.

치킨집을 인수한다고 가정해보자. 인수 금액은 10억 원이고 1년에 1억 원의 순이익을 남긴다면 몇 년 만에 10억 원의 인수 금액, 즉 투자금을 회수할 수 있을까? 10억을 1억으로 나누면 10이 되고 10년이 지나야 투자금을 회수할 수 있다는 결론이 나온다.

PER^{Price Earning Ratio, 주가수익률}도 같은 맥락이다. 기업의 주가

가 1주당 벌어들이는 수익의 몇 배인지 계산해 투자금을 언제 회수할 수 있는지 판단하는 지표다. PER은 기업의 주가가 고평가됐는지 저평가됐는지 판단하는 데 많이 이용된다. 하지만 산업별로 평균 PER이 다르기 때문에 절대적인 수치는 아니다. 미래 산업을 주도할 섹터의 주식들은 PER이 높은 편이다. 지금 당장 순이익을 내지 못하더라도 추후 수익이 개선될 것을 고려해 투자하기 때문이다.

경제 한 문장

A 투자증권은 B 기업의 EPS(주당순이익) 증가를 근거로 목표 주가를 상향했다.

EPS가 증가한다는 것은 기업이 돈을 잘 벌고 있다는 의미다. 주식은 기업의 이익을 기초로 가격이 결정되기 때문에 EPS의 증가는 주가의 상승 요인이 된다. 하지만 EPS가 높다고 해서 매력적인 투자처는 아니다. 아무리 좋은 기업의 주식이라도 너무 비싼 가격에 산다면 좋은 투자라 할 수 없다. 따라서 EPS와 더불어 현재 주가를 비교하는 PER도 고려해 투자해야 한다.

대한전선, 감자 후 대규모 증자…

개미들만 피터진다

(뉴시스 2021. 12. 23)

대한전선이 재무구조 개선을 위해 5대 1 액면가 조정 무상감자를 결정한 데 이어 5000억원 규모의 대규모 유상증자를 결정했다. 부분 자본잠식을 해소하는 동시에 현금 유동성을 확보해 신사업을 추진한다는 목적이지만 이 과정에서 소액주주들이 감내해야 할 손실이 적지 않을 것으로 관측되고 있다. 요약 5대 1 무상감자로 인해 주가가 하락한 대한전선이 추가로 5,000억 원 규모의 유상증자를 하겠다고 발표하면서 소액주주들이 피해를 볼 것으로 예상된다. (…중략…)

여기에 대규모 증자에 따른 지분가치 희석도 예고되고 있어 주가가 추가 하락할 가능성도 열려있다. 실제 이미 알려진 이벤트였음에도 불구하고 이날 오전 대한전선의 주가는 장중 한 때 7% 넘게 빠지며 우려를 선반영하고 있다. 요약 유상증자를 하면 주식 수가 늘어나 소액주주들이 갖고 있는 지분의 가치가 떨어지므로 주가가 하락할 가능성이 높다. (…중략…) 특히 최대주주의 자금여력이 충분한 만큼 주주배정 방식이 아니라 최대주주를 대상으로 하는 제3자배정 증자를 통해 책임경영 의지를 보였어야 했다는 아쉬움이 남고 있다. **요약** 최대 주주의 자금 여력이 충분함에도 제3자배정이 아니라 주주배정의 유상증자 방식을 선택했다. (…하략…)

필수 용어 무상감자, 유상증자

보충 용어 자본 잠식 : 기업의 자본은 자본금과 잉여금으로 나눌 수 있는데, 자본 잠식은 손실이 누적돼 잉여금이 바닥나고 자본금이 잠식되기 시작하는 상태다.

기사 해설 대한전선이 무상감자를 한 이유는 재무구조를 개선하고자 부분 자본 잠식 상태를 벗어나기 위해서였다. 그런데 신사업 추진을 위해 추가로 유상증자를 하겠다고 발표함으로써 소액주주들의 피해가 예상된다. 유상증자를 통해 주식 수가 늘어나면 소액주주들이 갖고 있는 지분의 가치가 떨어지기 때문이다. 기업의 가치가 동일하다고 했을 때 주식 수가 늘어나면 주가는 떨어지는 게 자연스럽다. 게다가 유상증자를 하는 방법도 주주배정 방식이라

아쉬움이 남는다. 제3자배정 방식을 통해 유상증자를 하고 자금 여력이 충분한 최대 주주가 추가 필요 자금을 공급하는 책임 경영을 보일 수도 있었기 때문이다.

기사 정리 주식 투자에서 무상감자와 유상증자는 대부분 악재로 받아들여진다. 무상감자는 대부분 자본 잠식 상태를 해결하기 위해 실행하고 무상감자 뒤 유상증자를 하는 경우가 많다. 최근 무상감자를 공시한 기업을 찾아보고 그 기업의 주가 흐름을 살펴보자.


```
┌─────────┐
│         │
│    3    │
│         │
└─────────┘
```

금융기관과 금융상품

주변에서 흔히 접하고 기사에 자주 등장하는 금융기관과 금융상품 관련 용어들을 정리했다.

채권은 일반인이 직접 투자하기에는 어려운 대상이지만 경제 기사에 자주 등장하는 용어이므로 주식과의 차이점을 알아두면 좋다. 또한 최근에는 ETF상장지수펀드가 인기를 끌고 있다. 주식과 펀드 이외에도 수많은 금융상품이 있기에 다양한 투자 상품에 대해 공부해 직접 투자도 해보면서 본인에게 맞는 투자 방법을 찾아보자.

㉑ 금융투자회사

은행과 보험을 제외한 모든 금융 업무를 영위할 수 있는 금융기관이다.
여섯 가지 금융투자업무투자매매업, 투자중개업, 집합투자업, 투자일임업, 투자자
문업, 신탁업 전부 또는 일부를 담당하는 회사다.

금융투자회사에는 증권사, 종금사, 선물회사, 자산운용사,
신탁회사 등이 포함된다. 이 중 가장 쉽게 접할 수 있는 증권
사에서는 주식, 채권 등의 유가증권의 발행을 주선하고 이것
의 매매를 중개하는 것이 주요 업무다. 은행이 예금자의 예
금을 받아 기업에 대출을 해준다면 증권사는 기업과 투자자
를 직접 연결시키는 것이 차이점이다. 회사 이름 끝에 '증권'
이나 '투자'가 들어가면 증권사라고 보면 된다.

㉒ 신용평가기관

국가, 기업, 금융기관 등의 신용 등급을 평가하는 기관으로, 각국의 정
치, 경제, 향후 전망 등을 종합해 국가별 등급을 발표한다.

신용은 금전 거래에서 대단히 중요하다. 친구가 돈을 빌려
달라고 했을 때 평소 친구의 신용에 따라 돈을 빌려줄지 말
지, 빌려준다면 얼마나 빌려줄지 결정한다. 기업이나 국가간

의 거래에서는 훨씬 큰 액수가 거래되기 때문에 개인의 경우
보다 신용이 더 중요하다. 그래서 신용을 객관적으로 평가해
주는 기관이 필요하다. 세계 3대 신용평가기관으로는 영국의
피치Fitxh, 미국의 무디스Moodys와 스탠더드앤드푸어스Standard
& Poor's; S&P가 있다.

경제 한 문장

신용평가기관 피치(Fitxh)는
한국의 국가신용등급을 AA-로 유지했다.

피치는 세계 3대 신용평가기관으로 국가, 기업, 금융기관
등의 신용 등급을 평가한다. 피치 기준으로 AA-는 네 번째
로 높은 국가신용등급을 의미한다. 2021년 기준 영국, 벨
기에, 체코, 홍콩, 아랍에미리트 등의 국가가 AA- 그룹에 속
해 있다.

㉓ 채권

채권은 정부, 공공단체, 주식회사 등이 일반인으로부터 비교적 거액의 자금을 일시에 조달하기 위해 발행하는 차용증서다. 상환 기간과 이자가 정해져 있고 채권 발행 주체가 파산하지 않는 한 원금은 보장되므로 안전 자산에 속한다.

채권은 발행하는 주체에 따라 명칭이 다르다. 국가가 발행하면 국채, 회사가 발행하면 회사채라고 부른다. 일반적으로 회사보다는 국가가 부도 날 가능성이 적기 때문에 국채가 더 안전하고 약소국보다 강대국의 안정성이 더 높다.

주식과 채권을 구별하지 못하는 사람들이 종종 있다. 주식은 회사의 수익을 나눠가질 수 있는 권리를 사는 것이다. 회사가 번 돈의 일부를 배당금 형태로 지급받거나 회사가 돈을 잘 벌면 주식의 가치가 올라가므로 그것을 팔아 차익을 얻는다. 채권은 주식과 달리 상환 기간과 이자가 정해져 있다. 회사가 돈을 잘 벌면 만기에 원금을 포함한 이자와 매매 차익을 얻는다. 또한 회사가 파산하지 않는 한 원금은 보장되므로 안전 자산에 속한다.

㉔ 펀드

다수의 투자자로부터 돈을 모아 주식, 채권, 파생상품 등에 투자하는 자금운용단위다. 전문가에게 자금 운용을 맡기는 것으로, 투자 대상이나 자금 모집 방법에 따라 다양한 종류가 있다.

펀드는 주식에 직접 투자하기 어려운 사람들이 많이 선택하는 투자 상품이다. 운용 수수료만 내면 전문가들이 본인을 대신해 투자를 해준다. 자금 모집 방법에 따라 공모펀드, 사모펀드 등으로 나뉘고 투자 대상에 따라 주식형 펀드, 채권형 펀드 등으로 나뉜다. 펀드의 장점은 개인이 직접 투자할 수 없는 상품에 투자하거나 분산투자 효과를 거둘 수 있다.

경제 한 문장

금리 인상으로 인해 **채권**형 **펀드**에서 2.3조가 순유출됐다.

일반적으로 채권 금리가 오르면 채권의 가격은 내려간다. 중앙은행이 금리를 올리자 채권 금리도 따라 올랐고 채권의 가격은 하락했다. 이로 인해 채권으로 구성된 펀드인 채권형 펀드에서 투자금이 빠져 나가는 현상이 나타났다. 채권형 펀드는 국공채, 회사채, 단기금융상품 등에 투자해 채권의 이자 수익과 매매 차익을 얻는 펀드다.

㉕ 사모펀드

소수의 투자자로부터 사적으로 모집한 자금을 운용하는 펀드다.

사모펀드는 비공개로 투자자들을 모집해 주로 저평가된 기업에 투자한다. 기업의 지분을 매집해 가치를 높인 뒤 주식을 되파는 전략을 취한다. 금융감독기관의 감시를 받지 않으며 투자 대상이나 투자 비중 등에 제한이 없어 주식, 채권, 부동산, 원자재 등에 자유롭게 투자할 수 있다.

㉖ 인덱스펀드

특정 주가지수의 변동과 동일한 투자 성과를 추구하는 펀드로, 시장의 평균 수익 실현을 목표로 한다.

시장의 평균 수익률을 얻는 상품으로, 특정 기업에 투자했을 때 손실이 발생하거나 그 기업의 주가만 오르지 않아 시장의 수익에서 소외되는 상황을 방지할 수 있다. 가장 대표적인 인덱스펀드는 미국의 S&P500이다.

인덱스펀드는 관리가 쉽다는 장점이 있지만 펀드이기 때문에 현금화하는 데 2~5일의 시간이 걸리고 운용 수수료가 든다. 이런 단점을 해소하고자 일반 주식처럼 쉽게 거래할 수 있고 운용 수수료도 낮춘 상품이 다음에 설명한 ETF다.

㉗ ETF

일반 주식처럼 매매할 수 있고 특정 주가지수의 변동에 따라 수익률이 결정되는 펀드다.

ETF^{Exchanged Traded Fund, 상장지수펀드}는 특정 주가지수의 움직임에 따라 운용된다는 점은 인덱스펀드와 유사하지만 일반 주식처럼 실시간으로 사고팔 수 있다는 점에서 차이가 있다. ETF는 개별 기업의 위험에 노출되지 않고 시장 수익률을 안정적으로 가져갈 수 있어 인기를 끌고 있다. 최근에는 2차 전지 ETF, 메타버스 ETF 등 다양한 상품이 출시돼 투자자들의 선택의 폭이 넓어졌다.

경제 한 문장

업황 개선 기대감에
반도체 ETF(상장지수펀드)로 2,500억 원이 유입됐다.

· ·

ETF는 개별 기업에 투자하지 않기 때문에 종목 선정에 대한 부담감이 적어 특정 산업 분야의 미래가 밝다고 생각되면 투자금이 몰리기도 한다. 하지만 종목 선정의 위험이 적은 것일 뿐, 항상 수익이 나는 것은 아니다. 2022년 초 2차 전지 ETF나 메타버스 ETF는 시장 상황이 안 좋아지면서 크게 하락하기도 했다.

ELS

개별 주식의 가격이나 주가지수에 연계한 증권으로, 안정성과 수익성을
모두 가져가기 위한 목적으로 개발된 상품이다.

ELS^{Equity-Linked Securities, 주가연계증권}는 투자금의 대부분을 원금
보장이 가능한 채권 등에 투자하고 나머지 소액으로 주가지
수나 개별 종목 등에 투자하는 상품이다. 안정성과 수익성을
모두 가져가기 위해 개발된 상품으로, 채권 투자로 안정적인
수익을 얻고 나머지 소액으로 고수익을 얻도록 설계돼있다.
ELS는 투자자의 선택의 폭을 넓히고 저금리 예금상품에 대
한 대안으로 은행을 중심으로 많이 판매되고 있다.

> ### 경제 한 문장
>
> 주식시장의 변동성이 커지면서 원금 손실을 보는
> <u>ELS(주가연계증권)</u>가 늘어나고 있다.
>
> ⋯⋯⋯⋯⋯⋯⋯⋯⋯⋯⋯⋯⋯⋯⋯⋯⋯⋯⋯⋯
>
> ELS는 안전한 투자처에서 안정적인 수익을 얻고 위험
> 한 투자처에 일부를 투자해 고수익을 얻어 전체적인 수익
> 률을 높이는 것을 목표로 한다. 계약서에 명시된 상황이
> 발생하지 않는다면 약속된 수익을 돌려주기 때문에 중위

험·중수익 상품으로 인기가 많다. 하지만 예상하지 못한 위험 상황이 발생하면 원금 손실을 볼 수 있어 주의해야 한다.

㉙ 파생금융상품

외환, 예금, 채권, 주식 등의 기초 자산으로부터 파생된 금융상품으로, 기초 자산의 가치 변동에 따라 가격이 결정된다.

본래 파생금융상품의 개발 목적은 기초 자산의 미래 가격 변동에서 오는 피해를 줄이기 위한 보험의 성격이 강했지만 미래의 가격 변동을 예상하고 시세 차익을 누리기 위해 투기적 목적의 거래가 증가했다. 이런 투기 목적의 거래가 많아진다면 금융시장의 안정성을 해칠 수도 있으므로 적절한 규제와 감독이 필요하다. 대표적인 상품에는 선물, 옵션, 스왑, 선도 등이 있다.

㉚ 선물거래

미래의 일정 시점에 미리 정한 가격으로 매매할 것을 현재 시점에서 약정하는 거래로, 미래의 가치를 사고파는 것이다.

선물거래는 상품의 인수도와 결제가 미래에 일어나는 거래로, 계약 성립과 동시에 상품의 인수도와 결제가 이뤄지는 현물거래와 구분된다. 예를 들어 두 사람이 '한 달 뒤 사과 한 상자를 1만 원에 구매하겠다'라고 약속을 했다. 만약 한 달 뒤 사과 한 상자의 가격이 1만 원보다 오른다면 두 사람 중 구매자는 시세보다 싸게 샀기 때문에 이득을 보고 판매자는 시세보다 싸게 팔았기 때문에 손해를 본다. 반대로 한 달 뒤 사과 한 상자의 가격이 1만 원보다 내린다면 두 사람 중 구매자는 손해를 보고 판매자는 이득을 본다.

경제 한 문장

선물거래는 대표적인 **파생금융상품**으로
제로섬게임이라 불린다.

선물거래는 특정 시점에 특정 가격으로 거래할 것을 현재 시점에서 약속하는 거래 방식이다. 따라서 계약자 중 누군

가는 손해를 보게 돼있다. 증거금(주식 또는 파생상품 거래에서 결제를 이행하기 위한 보증금)으로 거래를 약속할 수 있기 때문에 직접 투자보다 적은 돈으로 투자할 수 있어 고수익을 얻을 가능성이 있다. 하지만 투자에 실패할 경우 원금뿐만 아니라 더 많은 돈을 잃을 가능성도 있어 주의해야 한다.

"도 아니면 모"…V자 장세에
3배 ETF로 몰리는 서학개미

(매일경제 2022. 02. 08)

미국 증시가 급락 이후 급반등하는 가운데 지수 등락률의
3배를 추종하는 고위험 ETF(상장지수펀드)로 서학개미들이
몰려가고 있다. '미국 주식은 결국 오른다'는 강한 확신에 따
른 것으로 풀이된다. 하지만 3배 레버리지 ETF는 큰 기대수
익 만큼이나 위험도도 높기 때문에 투자에 신중할 필요가 있
다는 지적도 제기된다. (…중략…)
TQQQ의 거래대금은 국내 증시에서 개인 투자자들이 많이
산 카카오와 NAVER의 최근 5거래일간 누적 거래대금 1조
733억원, 1조1108억원에 육박하는 규모다. **요약** ETF 중에는
특정 지수를 그대로 추종하는 것이 아닌 2배, 3배로 추종하는 레버리
지 상품도 있다. 최근 미국 주가지수의 3배를 추종하는 ETF가 큰 인
기를 끌고 있다.

TQQQ, SOXL, SQQQ는 국내주식 투자자들에게는 다소 낯선 이름이지만 미국주식 투자자들에게는 3배 레버리지 상품으로 매우 인지도가 높다. TQQQ는 나스닥100 지수의 일간 등락률을 3배 추종한다. 나스닥100 지수가 1% 오르면 3%의 수익이 나는 반면 1% 하락하면 3%의 손실이 발생한다. SOXL은 필라델피아 반도체지수를 3배로 추종한다. SQQQ는 TQQQ와 반대로 나스닥100 지수가 1% 하락해야 3%의 수익이 나는 ETF다. 요약 TQQQ는 나스닥100 지수를 3배 추종하고, SQQQ는 나스닥100 지수와 반대로 3배 추종한다. SOXL은 필라델피아 반도체지수를 3배로 추종한다. 이처럼 다양한 종류의 ETF가 존재한다. (…중략…) 일부에서는 우려의 목소리도 나온다. 3배 레버리지의 높은 리스크 때문이다. (…하략…)

필수 용어 ETF(상장지수펀드)

보충 용어 레버리지 : 지렛대라는 뜻으로, 일정 금액으로 더 큰 효과를 일으킨다는 의미로 쓰인다.

기사 해설 미국 증시가 급등과 급락을 반복하면서 고위험 ETF로 우리나라 투자자들이 몰리고 있다. '미국 주식은 결국 오른다'라는 강한 확신에 따른 것으로 보인다. TQQQ는 나스닥100 지수를 3배 추종, SQQQ는 나스닥100 지수를 반대로 3배 추종, SOXL는 필라델피아 반도체지수를 3배 추종하는 상품이다. 예를 들어 TQQQ에 1억 원을 투자했을 때 나스닥100 지수가 1퍼센트 오르면 3퍼센트의 이익을, 1퍼센트 내리면 3퍼센트의 손해를 본다. 즉, 1퍼센트가 오르면 300만 원이 이익이고 1퍼센트가 내리면 300만 원의 손해를 보게 된다.

기사 정리 ETF는 특정 종목을 선택할 필요가 없고 일반 펀드보다 운용 수수료도 저렴하기 때문에 최근 많은 인기를 끌고 있다. 특히 미국 증시 지수를 3배 추종하는 ETF의 인기가 높아지고 있는데, 위험성이 높은 상품인 만큼 주의가 필요하다. 기사에 나온 것 외에 또 어떤 ETF들이 있는지, 본인의 투자 성향에 맞는 상품을 찾아보자.

4

부동산

내 집 마련을 위한 기본적인 부동산 공부는 반드시 필요하다고 생각한다. 2022년에 들어 대출 규제가 더욱 심해짐에 따라 관련 기사들이 쏟아지고 있다. 부동산 대출과 관련해 반드시 알아둬야 할 용어들과 재건축과 재개발 관련 용어들도 정리해뒀으니 경제 기사를 읽을 때 잘 활용하길 바란다.

㉛ 재건축과 재개발

재건축은 노후·불량 주택을 철거하고 그 대지에 주택을 신축하기 위해 기존 주택의 소유자가 재건축 조합을 설립해 자율적으로 주택을 건설하는 사업이다. 재개발은 주거 환경이 낙후된 지역에 도로나 상하수도 등의 기반 시설을 정비하고 주택을 신축하는 사업이다.

재건축은 기존의 낡은 아파트나 연립주택지구를 허물고 허문 대지 위에 새로운 주택을 짓는 것으로, 대부분 민간 주택 사업의 성격을 띤다. 재건축 사업을 진행하기 위해서는 거쳐야 하는 단계가 많아 일반적으로 7~10년가량의 긴 시간이 소요된다. 최근 주택 가격과 함께 분양권 가격까지 따라 오르면서 미래의 신축 아파트가 될 노후 아파트를 미리 소유하려는 재건축 투자에 대한 관심이 높아지고 있다.

재개발은 주거 환경이 낙후된 지역을 전체적으로 정비해 새로운 주택을 짓는 것으로, 공공사업의 성격을 띤다. 재건축에 비해 건축물이 다양하기 때문에 소유자가 가진 땅의 크기에 따라 이해관계가 복잡할 가능성이 높다. 그래서 사업 진행도 재건축보다 더디며 투자 수익 예측도 어려운 특징이 있다. 하지만 불확실성이 큰 만큼 실질적인 투자금이 적은 장점도 있다.

㉜ 용적률

건물 전체 면적을 땅의 면적으로 나눈 값이다.

용적률은 땅 넓이대지 면적에 대한 건물의 총 넓이건물 연면적의 비율이다. 모든 층의 넓이를 다 더한 뒤 땅 넓이와 비교하는 것이다. 용적률은 땅의 사용 목적에 따라 다르며 용적률이 높으면 지을 수 있는 건물 전체의 면적이 넓으므로 건물을 더 높이 지을 수 있다.

재건축은 이미 지어진 건물의 용적률은 낮고 새로 지을 건물의 용적률은 높은 것이 좋다. 그만큼 건물을 높이 지을 수 있어서 많은 가구를 분양할 수 있기 때문이다. 건설사의 수익성은 높아지고 조합원의 분담금도 줄어드는 효과가 생긴다.

㉝ 건폐율

건물 1층의 면적을 땅의 면적으로 나눈 값이다.

건폐율은 땅 넓이대지 면적에 대한 건물 바닥 넓이건축 면적의 비율이다. 땅에서 건물이 차지하는 영역이 얼마만큼인지 나타내는 것이다. 건폐율을 제한함으로써 건축물 주변에 여유 공간을 확보해 쾌적한 환경을 조성할 수 있다.

건폐율은 건물이 얼마나 빽빽하게 들어서있는지를 판단하는 데 이용된다. 건물을 지을 땅에 높이 제한이 있다면 건폐율이 높을수록 더 넓게 지을 수 있다.

경제 한 문장

정부는 특별건축구역을 지정해
용적률과 **건폐율** 제한을 완화했다.

....

용적률이 높으면 건물을 더 높이 지을 수 있고 건폐율이 높으면 1층 면적을 더 넓힐 수 있다. 보통 용적률과 건폐율은 땅의 용도에 따라 결정되는데, 정부에서 특별건축구역을 지정해 이를 원래 규정보다 완화함으로써 더 많은 집을 지을 수 있어 주택 공급량이 늘어나는 효과가 발생한다.

---

34 종상향

1, 2종 일반주거지역을 2, 3종으로 높이는 것을 말한다.

1, 2, 3종으로 나누어져 있는 일반주거지역의 용적률은 각

각 150, 200, 250퍼센트 이하로 설정돼있다. 종상향은 1종
의 일반주거지역을 2종 또는 3종으로, 2종의 일반주거지역
을 3종으로 종을 높이는 것이다. 종이 올라가면 용적률 제한
이 완화되기 때문에 건물을 더 높이 지을 수 있어 재건축, 재
개발 사업성이 좋아진다.

㉟ 기부채납

개인이나 기업이 재산의 소유권을 무상으로 국가에 이전하는 것을 말한다.

기부채납은 사유재산을 국가 또는 지방자치단체에 기부하
고 그에 따른 인센티브를 받는 제도다. 주로 재건축이나 재
개발을 할 때 정비 사업 시행자가 부지의 일부를 공공 시설
물 형태로 국가나 지방자치단체에 기부하고 용적률, 건폐율,
높이 제한 등의 완화 혜택을 받을 수 있다. 학교 부지 제공,
공원 조성, 임대 아파트 제공 등이 기부채납에 속한다.

A 단지는 **종상향**을 조건으로 한
기부채납 규모가 과도해 논란이 됐다.

....

종상향을 하면 용적률 제한이 완화돼 건물을 더 높이 지을
수 있다. 다만 정부에서 기부채납을 조건으로 종상향을 해
주는 경우가 많아 조합은 건설하는 땅의 일부를 공공 목적
으로 제공해야 한다. 이때 정부가 요구하는 기부채납 규모
가 너무 과하면 종상향으로 조합이 얻는 이익보다 더 많은
것을 기부해야 해서 논란이 되는 경우가 있다.

❸❻ PIR

가구당 연소득 대비 주택 가격이 차지하는 비율이다.

PIR**Price to Income Ratio**은 국가 평균 수준의 주택 가격이 연평
균 소득의 몇 배인지를 나타낸다. 즉, 몇 년 동안 돈을 모아야
주택을 살 수 있는지 계산하는 것이다. 예를 들어 서울의 PIR
이 15라면 15년 동안 소득을 모아야 서울의 평균적인 집을
살 수 있다는 의미다. 주택 가격의 변동을 파악할 때 소득 수

준의 변화를 고려하기 위해 고안됐다. PIR이 높을수록 가구의 내 집 마련 기간은 길어진다.

2019년 12.9였던 PIR이
2년 만에 18.5로 크게 상승했다.

....

2019년과 2021년 근로자의 평균 임금은 크게 바뀌지 않았다. 하지만 주택 가격이 크게 상승하면서 PIR이 2년 만에 무려 5.6이나 상승했다. 소득의 일부를 쓰지 않고 모두 모으는 사람은 없기 때문에 18.5라는 숫자로 몇 년 뒤에 집을 살 수 있는지는 추측할 수 없다. 하지만 PIR의 변화를 보고 과거보다 집을 사기가 어려워졌다는 사실은 파악할 수 있다.

㊲ 분양가상한제

공동주택의 분양가를 정할 때 일정한 건축비에 택지비를 더해 분양가를 정하고 그 가격 이하로 분양하게 하는 제도다. 주택 가격 안정을 목적으로 고안된 제도다.

분양가를 건설사 마음대로 정하게 둔다면 높일 수 있는 최대한의 가격으로 높일 것이다. 신축 아파트의 분양가가 높게 책정되면 부동산 시장의 전체적인 가격 상승을 불러일으킬 수 있으므로 정부에서는 분양가를 일정 가격 이상 올릴 수 없는 분양가상한제를 실시했다.

하지만 정부의 의도와 달리 주변의 구축 아파트보다 분양가가 더 저렴한 신축 아파트가 나오면서 분양권에 당첨되면 거액의 차익을 얻게 되는 '로또 분양'이라는 말이 나왔다. 이는 분양가상한제가 주택 가격 안정에 도움이 되지 않는다고 해석할 수 있다.

경제 한 문장

분양가상한제로 일반 분양가가 너무 낮게 책정되자
여러 단지의 **재건축** 사업 진행이 늦어지고 있다.

재건축 사업에서 일반 분양은 매우 중요한 단계로, 조합원들에게 먼저 분양하고 남는 물량을 일반에 분양하는 것을 말한다. 따라서 분양가 결정은 재건축 조합원들에게 매우 민감한 사안이다. 일반 분양가가 너무 낮으면 조합원들이

부담해야 하는 돈이 늘어나기 때문이다. 그런데 분양가상한제로 인해 일반 분양가가 너무 낮게 책정되면서 조합원들이 이에 반발하는 사례가 늘어나고 있다. 조합원들이 동의하지 않으면 일반 분양이 진행되지 않아 사업 진행이 느려진다. 이는 재건축과 재개발로 신규 주택을 공급해야 하는 지역에 주택 공급 부족을 야기하는 원인이 될 수 있다.

㉚ LTV

주택을 담보로 돈을 빌릴 때 인정되는 자산 가치의 비율이다.

LTV주택담보대출비율는 Loan To Value Ratio의 약자로, value에 집중하면 이해하기 쉽다. value는 '가치'를 뜻하는 단어로, 자산 가치 대비 대출을 얼마나 받을 수 있는지 나타낸다. 즉, 이것에 따라 주택담보대출을 받을 때 주택 가격의 몇 퍼센트까지 대출받을 수 있는지가 결정된다. LTV가 낮으면 대출받을 수 있는 금액이 줄어든다.

DTI

주택담보대출의 연간 원리금 상환액과 기타 대출의 연간 이자 상환액의 합을 연소득으로 나눈 값이다.

DTI**총부채상환비율**는 Debt To Income의 약자로, income에 집중하면 이해하기 쉽다. Income은 '소득'을 뜻하는 단어로, 소득 대비 주택담보대출을 얼마나 받을 수 있는지 나타낸다. 구체적으로, 주택담보대출의 원리금과 기타 대출 이자 상환액의 합을 1년 동안의 총소득으로 나눠서 구한다. 예를 들어 DTI가 40퍼센트일 때 연봉이 5,000만 원인 사람은 주택담보대출 원리금과 기타 대출 이자 상환액의 합이 2,000만 원을 넘길 수 없다. 상환 능력이 없는 사람이 과도하게 대출을 받지 못하게 하기 위해 도입됐다.

40 DSR

주택담보대출의 연간 원리금 상환액과 기타 대출의 연간 원리금 상환액을 합한 총 대출 상환액을 연소득으로 나눈 값이다.

DSR**Debt Service Ratio, 총부채원리금상환비율**은 DTI와 잘 구분해야 한다. 대출 시 소득을 기준으로 한다는 점은 비슷하지만 어떤 대출까지 상환액에 포함시키는지가 다르다. DTI는 주택담보대출의 원리금 상환액과 기타 대출의 이자 상환액만 포함하

지만 DSR은 거기에 자동차 할부, 학자금 대출, 카드론 등 모든 대출의 원리금 상환액을 포함한다. 따라서 DTI보다 DSR을 적용하면 대출 한도가 줄어든다.

경제 한 문장

정부는 DTI(총부채상환비율) 규제에도 집값이 잡히지 않자 DSR(총부채원리금상환비율) 규제를 시작했다.

부동산 가격이 상승하자 대출 규제를 시작한 정부는 DTI를 기준으로 대출을 규제했다. 그럼에도 가계 대출이 계속 늘어나자 정부는 DSR을 기준으로 대출을 규제하기 시작했다. DSR을 적용하면 학자금 대출, 카드론 등의 모든 대출의 원리금도 상환액에 포함되기 때문에 대출 가능 금액이 크게 줄어든다.

서울 공공재개발 후보지 2차 공모···
"용적률 상향 등 혜택"

(연합뉴스 2021. 12. 29)

국토교통부와 서울시는 30일부터 내년 2월 28일까지 서울 자치구를 통해 공공재개발 사업 후보지 2차 공모를 진행한다고 29일 밝혔다.

공공재개발은 법정 상한 용적률의 120%까지 인센티브를 제공하는 대신 늘어나는 용적률의 20~50%는 공공임대주택 등으로 기부채납받는 사업 방식이다. 요약 국토교통부와 서울시는 공공 재개발 사업 2차 공모를 진행한다. 법적 상한 용적률의 120퍼센트까지 인센티브로 제공하고 늘어나는 용적률의 20~50퍼센트는 기부채납하는 조건이다. (···중략···)

정부는 2차 공모를 통해 서울에서 18곳 내외, 총 1만8천호 규모의 사업 후보지를 선정할 계획이다. 1차 공모에서 보류된 구역도 이번 후보지 선정위에서 함께 선정 여부를 심사한다.

국토부는 지분쪼개기, 갭투자, 분양사기 등의 투기를 막기 위해 조합원의 분양 권리 산정 기준일을 공모 공고일로 고시하고, 후보지로 선정되면 토지거래허가구역 지정 및 건축허가 제한 등의 조치를 즉시 취할 계획이다. **요약** 공공 재개발 사업 구역으로 지정되면 투자자들이 유입돼 주택 가격이 가파르게 오를 가능성이 있다. 국토교통부는 이를 막기 위해 분양 권리 산정 기준일을 공모 공고일로 고시하고 토지거래허가구역으로 지정하는 등의 조치로 투자 수요를 억제하려 한다. (…하략…)

필수 용어 재개발, 용적률

보충 용어 토지거래허가구역 : 토지를 거래할 때 허가를 받아야 하는 구역이다. 토지의 투기적인 거래가 성행하거나 땅값이 급격히 오르는 지역과 그런 우려가 있는 지역에 5년 이내의 기간으로 지정한다.

기사 해설 국토교통부와 서울시는 공공 재개발 사업 후보지 2차 공모를 진행한다. 건설사가 공공 재개발에 참여하면 용적률의 120퍼센트까지 인센티브를 제공해 건물을 더 높이 지을 수 있다. 하지만 늘어난 용적률의 20~50퍼센트는 기부채납해야 하는 조건이 있다. 또한 재개발 지역으로 지정되면 투자 수요가 몰려 주택 가격이 급등하는 부작용이 생길 수 있으므로 이를 막기 위한 다양한 정책이 시행된다. 우선 조합원의 분양 권리 산정 기준일을 공모 공고일로 고시해 후보지 공모 발표 이후에 해당 지역의 땅을 매입하더라도 분양 권리를 받지 못한다. 또한 토지거래허가구역으로 지정해 실거주 목적이 아니면 주택을 매매할 수 없도록 한다. 보통 토지거래허가구역은 해당 지역의 갭투자를 막기 위한 용도로 지정된다.

기사 정리 서울에 주택 지을 땅이 부족함에 따라 서울시에서는 재건축과 재개발 사업을 활발하게 진행할 것으로 보인다. 공공 재개발 지역으로 지정되는 지역과 재개발 사업으로 새로 공급되는 주택이 얼마 정도 되는지 알아보고 서울의 주택 공급량 파악에 활용해보자.

5

경기 파악 / 경제 상식

　'요즘 물가는 얼마나 올랐을까?', '우리나라는 돈을 잘 벌고 있는 걸까?', '시중에 돈이 많이 풀렸을까?', 경제 공부를 하다 보면 이런 궁금증이 생긴다. 해답은 경제 기사에서 쉽게 찾을 수 있다. 경기를 파악하는 데 도움이 되는 용어들과 경제 기사에 종종 등장하는, 상식으로 알아두면 좋은 용어들도 함께 정리했다.

㊶ 인플레이션

인플레이션은 통화량의 증가로 화폐 가치가 하락해 물가가 지속적으로 오르는 현상이다.

통화량이 증가함에 따라 시중에 돈이 풍부해지게 되면 화폐 가치가 하락해 물가가 지속적으로 오르는 인플레이션이 발생한다. 화폐 가치가 하락하기 때문에 금이나 부동산 같은 실물 자산에 투자하는 것이 유리하다.

인플레이션과 연결해 알아두면 좋은 용어에는 디플레이션과 스태그플레이션이 있다. 디플레이션은 인플레이션의 반대 개념으로, 경제 전반적으로 물가가 지속적으로 내리는 현상이다. 주식이나 부동산 가격이 하락하기 때문에 현금이나 현금에 준하는 자산에 투자하는 것이 유리하다. 스테그플레이션은 경기 침체에도 불구하고 지속적으로 물가가 오르는 현상이다.

㊷ 유동성

기업, 금융기관 등의 경제주체가 갖고 있는 자산을 현금으로 바꿀 수 있는 정도를 말한다.

유동성은 쉽게 말해 현금화할 수 있는 재산이 많은지 적은지를 나타낸다. 현금화할 수 있는 재산이 많으면 유동성이 풍부하다고 하고 적으면 유동성이 부족하다고 한다. 일반적으로 재산 중에는 물건을 사고팔 때의 결제 수단인 현금이 가장 유동성이 높다.

경제 위기가 오면 시중에 유동성이 부족해지기 때문에 중앙은행은 유동성을 공급하는 양적완화정책을 시행한다. 하지만 지나치게 공급된 유동성이 버블을 만들어 주식이나 부동산 등의 가격이 급등하는 부작용이 생기기도 한다.

경제 한 문장

코로나19 이후 과잉 공급된 **유동성**은
인플레이션으로 이어졌다.

시중에 과도하게 풀린 유동성으로 인해 물가가 오르고 있다. 2020년 코로나19로 경제 위기가 시작되자 연준은 제로금리정책과 양적완화정책을 시행에 유동성을 공급함으로써 시중에는 많은 돈이 풀리게 됐다. 하지만 과도하게 공급된 유동성은 인플레이션을 일으켜 금리 인상을 서둘러야 한다는 목소리가 커지고 있다.

43 신용경색

금융기관 등에서 돈이 제대로 공급되지 않아 시중에 자금이 잘 돌지 않는 현상이다.

신용경색은 심근경색과 비슷하게 생각하면 쉽다. 심근경색이 심장혈관이 막혀 장애가 일어나는 것처럼 신용경색은 돈의 절대량이 적거나 돈의 흐름이 막혀 시장에 문제가 생기는 것을 말한다. 신용경색이 발생하면 기업들은 자금이 부족해 정상적인 경영 활동을 할 수 없게 된다.

44 경상수지

국제간 경상거래의 결과로 나타나는 수지다. 경제 발전과 정책 변화의 효과를 측정하거나 전망하는 데 이용되며 매월 한국은행에서 발표한다.

개인이 수입收入과 지출支出을 계산하는 것처럼 국가도 수입과 지출을 계산한다. 경상수지는 재화와 서비스를 외국과 사고파는 경상거래의 결과로, 쉽게 말해 국가가 수출輸出로 벌어들인 돈과 수입輸入으로 쓴 돈을 비교해 얼마가 남는지를 계산하는 것이다.

> 미국은 **경상수지** 적자를 해소하기 위해
> 보호무역주의를 도입했다.
>
> ....
>
> 개인이 경제 활동을 할 때 쓰는 돈보다 버는 돈이 많아야 돈
> 이 모이는 것처럼 국가도 수입보다 수출을 더 많이 해야 국
> 가 운영을 잘 한다고 판단할 수 있다. 미국은 경상수지 적자
> 가 지속되자 수입 물품에 관세를 부과해 가격 경쟁력을 높
> 이는 등의 보호무역주의를 도입했다.

㊺ 소비자물가지수

소비자가 일상생활에 사용하기 위해 구매하는 재화와 서비스의 가격 변
동을 나타내는 지수다. 소비자물가지수는 매월 통계청에서 발표한다.

소비자물가지수Consumer Price Index; CPI는 소비자가 구매하는

재화나 서비스의 가격 변동을 나타내기 때문에 인플레이션

을 보여주는 가장 대표적인 지표다. 경제 동향 분석이나 경

제정책 수립 등에 이용된다. 조사 방법은 도시별 대표 시장

과 조사 항목을 뽑아 가격 변동을 측정한 뒤 각 수치에 가중

치를 반영해 계산한다.

<u>소비자물가지수</u>가 급등하자
금리 인상을 앞당겨야 한다는 목소리가 높아지고 있다.

....

2021년 10월 미국의 소비자물가지수 상승률은 전년 동월 대비 6퍼센트가 올라 6개월 연속 상승률을 기록했다. 이 수치를 근거로 물가 상승률이 너무 높다는 지적이 많아 연준은 2021년 11월 테이퍼링을 실시했다. 테이퍼링을 실시해도 소비자물가지수의 상승이 계속되자 금리 인상을 서둘러야 한다는 목소리가 높아지고 있다. 금리를 올리면 기업이나 개인은 대출을 받기가 어려워지고 시중에 돈은 줄어들게 된다. 이로 인해 수요가 줄어들고 물가가 안정되는 효과가 발생한다.

㊻ 생산자물가지수

국내 생산자가 국내 시장에 공급하는 재화와 서비스의 가격 변동을 나타내는 지수다. 생산자물가지수는 매월 한국은행에서 발표한다.

생산자물가지수Producer Price Index; PPI는 생산자의 입장에서 물가가 어떻게 변하는지 판단하는 지표다. 국내 생산자가 국내내수 시장에 공급하는 재화와 서비스의 가격 변동을 조사한 지표로, 전반적인 물가 수준을 확인할 수 있다. 원자재 가격, 인건비 등이 변하면 생산자물가지수도 함께 변하는 특징이 있다.

㊼ 기회비용과 매몰비용

> 기회비용은 의사 결정 과정에서 무언가를 결정했을 때 포기되는 기회들 중 가장 가치가 큰 기회를 말한다. 매몰비용은 의사 결정 과정에서 이미 발생해 회수가 불가능한 비용이다.

기회비용의 예를 살펴보면, A 학생은 주말 동안 책읽기, 게임하기, 운동하기를 할 수 있다. 책을 읽으면 지식을, 게임을 하면 즐거움을, 운동을 하면 건강을 얻을 수 있으며 각 가치의 가중치를 10, 9, 8점이라고 가정해보자. 가중치로 봤을 때 책을 읽는 것이 가장 합리적인 선택이지만 만약 게임을 한다면 -1만큼의 가치를 잃게 된다. 즉, 게임을 해서 즐거움을 얻었다면 이때의 기회비용은 책을 읽을 때 얻을 수 있는 지식이 된다. 따라서 무언가를 결정할 때는 기회비용을 고려해 가장 가치 있는 것이 무엇인지 생각해보고 최적의 선택을 해야 한다.

매몰비용의 예도 살펴보자. B 학생이 영화를 보고자 관람료를 내고 영화관에 갔는데, 재미가 없어 지루한 상황이라면 이미 지불해 회수할 수 없는 관람료가 매몰비용이 된다. 이때는 매몰비용이 아까워 지루함을 참고 영화를 보기보다 극장을 나와 다른 활동을 하는 것이 현명하다.

❹❽ 경제활동인구

만 15세 이상의 인구 중 노동 능력과 노동 의사를 가진 인구를 말하며 매월 통계청에서 발표한다.

경제활동인구는 만 15세 이상의 인구 중 일할 능력이 있어 일하는 인구**취업자**와 일하지 않지만 취업할 의사가 있으면서 취업이 가능한 인구**실업자**로 구분된다. 취업이 가능하지만 취업할 의사가 없는 인구는 포함되지 않는다. 경제활동인구는 실업률 관련 기사에 자주 등장한다. 정부는 경제활동인구를 파악해 고용정책 수립에 필요한 기초 자료로 활용한다.

❹❾ 골디락스경제

경제 성장률은 높지만 물가 상승의 압력이 적은 최적의 건실한 경제 상태다.

인플레이션을 우려할 만큼 경기가 과열되지도 않고 침체를 우려할 만큼 경기가 냉각되지도 않은, 이상적인 균형을 이룬 최적의 경제 상태를 말한다. 영국의 전래동화 「골디락스와 곰 세 마리Goldilocks and the Three Bears」에 나오는 금발 머리 소녀 골디락스의 이름에서 유래했다. 동화 속에서 소녀가 너무 차갑지도 뜨겁지도 않은 적절한 온도의 수프를 먹는 것에 비유했다.

㊿ 회색코뿔소와 블랙스완

회색코뿔소는 일어날 가능성이 높고 일어날 경우 파급력도 크지만 간과하는 위험을 말한다. 반면 블랙스완은 도저히 일어나지 않을 것 같은 일이 일어나 엄청난 충격과 파급효과를 동반하는 사건을 말한다. 회색코뿔소는 충분히 예상할 수 있는 일이라는 점에서 블랙스완과 차이가 있다.

회색코뿔소는 세계적인 정책 분석가 미셸 부커Michele Wucker가 2013년 다보스포럼Davos Forum에서 처음 발표한 개념이다. 드넓은 초원에서 느긋하게 쉬고 있던 코뿔소가 갑자기 돌변해 달려온다고 가정해보자. 사람들은 코뿔소가 위협적인 존재가 될 수 있다는 사실을 충분히 알고 있지만 막상 그 순간이 되면 두려움에 아무것도 하지 못하고 굳어버릴지도 모른다. 이처럼 회색코뿔소는 이미 본 적이 있고 지속적인 경고로 위험성도 알고 있지만 쉽게 간과하는 위험 요인을 말한다. 과도한 가계 부채에 대해 지속적으로 경고하지만 당장 위협이 되지 않아 외면하는 문제를 예로 들 수 있다.

이에 반해 블랙스완은 극단적으로 예외적이어서 발생 가능성이 없어 보이지만 발생하면 엄청난 충격과 파급효과를 가져오는 사건을 말한다. 월가^{Wall Street}의 투자 전문가였던 나심 니콜라스 탈레브^{Nassim Nicholas Taleb}가 그의 저서 『블랙 스완^{The Black Swan}』에서 언급하며 널리 사용되기 시작했다. 과거 사람들은 백조는 모두 흰색이라고 알고 있었지만 존재하지 않는다고 생각했던 검정색 백조^{블랙스완}가 발견된 것처럼, 발생 가능성이 없는 상황이 실제로 일어나는 것에 비유했다. 2020년 전 세계를 공포에 휩싸이게 했던 코로나19가 이에 해당한다.

경제 한 문장

기획재정부는 가계 부채를 **회색코뿔소**로 뽑으며
부채 관리 방안을 발표했다.

· ·

우리나라의 가계 부채는 대부분 부동산담보대출과 전세자

금대출로 이루어져 있다. 금리가 오르면 갚아야 하는 이자 비용이 증가하기 때문에 부채를 상환하지 못하는 사람들이 생길 가능성이 높아지고 연쇄적인 경제 위기를 발생시킬 수 있다. 가계 부채 문제는 당장에 문제를 일으키지는 않지만 언젠가 큰 위기를 불러올 문제라는 점에서 회색코뿔소에 비유했다.

실전! 경제 기사 꿰뚫어 보기

1월 물가 3.6%↑, 넉달째 3%대…
2월엔 기름값 더 오른다

(연합뉴스 2022. 02. 04)

4일 통계청의 1월 소비자물가 동향에 따르면 지난달 소비자
물가지수는 104.69(2020=100)로 지난해 같은 달보다 3.6%
상승했다.

소비자물가 상승률은 지난해 10월(3.2%)에 9년 8개월 만에
3%대로 올라선 뒤 11월(3.8%), 12월(3.7%)에 이어 지난달까
지 넉 달째 3%대를 보였다.

물가가 넉 달 연속 3%대 상승률을 보인 것은 2010년 9월부터
2012년 2월까지 18개월 연속 3%대 이상 상승률을 기록한 이
후 근 10년 만이다. 요약 2022년 1월 소비자물가지수가 2021년
같은 달보다 3.6퍼센트 상승했다. 3퍼센트대 상승은 2021년 10월부
터 4개월째 이어지고 있으며 이는 근 10년 만에 일어난 일이다. (…
중략…)

물가의 기조적 흐름을 보여주는 근원물가(농산물 및 석유류 제외 지수)는 3.0% 올랐다. 근원물가가 3%대로 올라선 것은 2012년 1월(3.1%) 이후 10년 만이다. (…중략…) 2월 물가는 더 불안한 상황이다. 국제유가 상승세가 2~3주간 시차를 두고 반영되는 구조이기 때문이다.

국내로 들여오는 원유인 두바이유 현물 가격(싱가포르 거래소 기준)은 배럴당 88달러까지 올랐다. 요약 농산물과 석유류를 제외한 물가의 흐름을 파악하는 근원물가도 3퍼센트가 올랐고 국제 유가 상승분이 반영되면 2022년 2월 물가는 더 오를 것으로 보인다. (…하략…)

필수 용어   소비자물가지수

보충 용어   근원물가 : 경제 상황에 따른 물가 변동이 심하지 않은 품목을 기준으로 산출하는 물가다. 계절적 요인에 영향을 받는 농산물과 가격 변동이 큰 석유를 제외하고 산출한다.

기사 해설   2022년 1월 소비자물가지수는 104.69로, 2021년 같은 달보다 3.6퍼센트 상승했다. 2021년 10월에는 9년 8개월 만에 3퍼센트대 상승을 한 뒤 4개월째 3퍼센트대 상승을 보인 것이다. 이는 근 10년 만에 일어난 일로, 물가가 급등하고 있음을 보여준다. 소비자물가지수는 국민들이 느끼는 물가가 얼마나 올랐는지를 파악하는 목적으로 많이 이용된다. 소비자물가지수가 4개월째 3퍼센트대 상승을 기록한다는 것은 금리 인상이 필요하다는 의견에 탄탄한 근거가 된다. 금리를 올리면 시중에 돈이 줄어들고 이로 인해 수요가 줄면 물가가 안정되는 효과가 있기 때문이다. 또한 근원물가도 3퍼센트대로 올랐고 국제 유가 상승분이 국내 휘발유나 경유 가격에 반영되면 2022년 2월 소비자물가지수도 상승 기조를 이어갈 것으로 보인다.

기사 정리 소비자물가지수가 안정되기 전까지 금리 인상은 계속될 수 있다. 금리 인상으로 수혜를 입는 업종과 피해를 입는 업종을 파악해 투자 포트폴리오를 구성해보자.

어플리케이션으로 경제 용어 공부하기

경제 용어는 경제 공부의 가장 기본이다. 2장에서 경제 용어를 공부하는 방법과 경제 용어 공부에 도움이 되는 어플리케이션 두 가지를 소개했다. 앞서 소개한 두 어플리케이션의 몇 가지 유용한 기능들을 살펴보고 이것을 이용해 4장에서 배운 필수 경제 용어 50개를 공부해보자.

추가로 좀 더 확실히 공부했으면 하는 바람에서 iOS와 안드로이드 운영체제에서 모두 사용이 가능한 '클래스카드'라는 어플리케이션 도 추천한다. 오른쪽의 QR 코드를 통해 접속하면 해당 어플리케이션을 사용해 필수 경제 용어 50개를 어떻게 학습하는지 볼 수 있다. 더불어 책에서 소개한 필수 경제 용어 50개를 정리한 용어집도 다운로드할 수 있으니 유용하게 활용하길 바란다.

어플리케이션을 다운로드한 뒤 실행하면 아래와 같은 화면을 볼 수 있다.

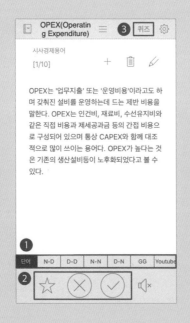

❶ 검색 기능　순서대로 네이버 사전, 다음 사전, 네이버 뉴스, 다음 뉴스, 구글, 유튜브 순이다. 용어의 검색 결과를 손쉽게 확인할 수 있어 관련 기사나 영상을 찾아보는 데 도움이 된다.

❷ 학습 기능 별 모양은 즐겨찾기, X 표시은 미암기, V 표시
는 암기를 나타낸다. 화면 상단에 있는 줄 3개
아이콘 ▤을 누르면 즐겨찾기, 미암기, 암기로
분류한 용어들을 확인할 수 있다. 외우지 못한
용어들만 모아 복습하기 좋은 시스템이다.
❸ 퀴즈 기능 10개씩 퀴즈를 풀 수 있고 틀린 문제는 따로
학습이 가능하다.

··· 시사경제용어 사전(안드로이드 & iOS용)

 　　어플리케이션을 다운로드한 뒤 실행하면
아래와 같은 화면을 볼 수 있다.

❶ 사전　　　모르는 용어의 뜻을 찾아볼 수 있고 단어장에
　　　　　　저장도 가능하다.

❷ 단어장　　저장해놓은 용어들을 확인할 수 있다.

❸ 문제은행　분야별 용어 문제를 풀어보거나 단어장에 저
　　　　　　장해놓은 용어들을 문제로 풀어볼 수 있다.

"책을 사느라 들인 돈은 결콘 손해가 아니다.
오히려 훗날에 만 배의 이익을 얻게 될 것이다."

왕안석
王安石

부록.
경제 공부를 위한 필독서 10

부록

경제 공부를 위한 필독서 10

2020년부터 본격적으로 경제 관련 책을 읽기 시작해 2년 동안 200권이 넘는 책을 읽었다. 그중에는 좋은 책도 있었고 시간과 돈이 아까운 책도 있었다. 구체적인 투자 방법을 소개하는 책을 읽고 성과를 내기도 했다. 하지만 그런 책은 개인의 성향에 따라 호불호가 갈리기 쉬우며 그 분야에 대한 배경지식과 경험 여부에 따라 도움이 될 수도 안 될 수도 있다.

그래서 경제 공부를 처음 시작하는 사람이 자본주의에 대

한 큰 그림을 익히고 경제 공부를 꾸준히 이어가는 데 도움
이 될 만한 책 10권을 선정했다. 기초 지식이 없어도 읽을 수
있는 책 위주로 선정했으니 부담 없이 읽어보면 된다.

경제 관련 책을 처음 읽을 때는 본인에게 가장 익숙한 분
야를 선택하는 것이 좋다. 관심이 가고 이해가 잘 돼야 흥미
가 생기고 꾸준히 읽을 수 있다. 많은 사람들이 추천하는 책
이라도 본인이 관심 없는 분야이거나 난도가 맞지 않는다면
좋은 책이 아니다.

자본주의 이해하기

경제 공부를 시작하기 전에 자본주의가 무엇인지, 어떻게
발전돼왔는지 이해하는 것은 매우 중요하다. 자본주의 역사
와 관련된 책 3권을 소개한다.

『지적 대화를 위한 넓고 얕은 지식(1권)』

현대사회를 살고 있는 사람들이 반드시 알아야 하는 기초
지식을 역사, 경제, 정치, 사회, 윤리 순으로 설명한다. 자본주
의 이해를 목적으로 쓰여진 책은 아니지만 다른 어떤 책보다

자본주의를 이해하는 데 도움이 된다. 이 책의 역사 챕터는 '자본주의 역사'라고 해도 어색하지 않다고 생각한다. 자본주의의 본질에 대해 알고 싶다면 읽어보길 추천한다.

『50대 사건으로 보는 돈의 역사』

역사를 살펴보면 인간의 본성은 크게 달라지지 않았다. 이 책은 세계사의 50가지 사건으로 돈의 역사를 살펴본다. 역사에 대한 기초 지식이 부족하거나 따로 찾아서 공부하기 힘든 사람은 이 책 한 권만 읽어도 역사 지식을 쌓는 데 도움이 될 것이다.

『앞으로 3년 경제전쟁의 미래』

처음으로 '경제 책이 이렇게 쉽고 재미있을 수 있구나'라는 생각을 하게 만든 책이다. 개인적으로 오건영 저자는 어려운 경제 개념을 쉽게 설명하는 데 탁월한 능력을 가졌다고 생각한다. 자본주의 사회에서 살아남기 위해서는 금리와 환율 공부는 필수다. 이 책은 우리나라를 비롯해 미국, 중국, 유럽, 일본의 30년 동안의 역사적 사건을 통해 금리와 환율을 이해하고 미래 돈의 흐름을 읽는 방법에 대해 쉽게 알려준다.

▎마인드 셋팅하기

자본주의를 이해했다면 이제 부자를 꿈꿔야 한다. 꿈꾸지 않고서는 결코 부자가 될 수 없다. 부자가 되고자 돈을 버는 과정에서 어떤 마음가짐과 태도를 가져야 하는지 알아보자. 돈의 성질은 무엇이며 돈 공부는 어떻게 해야 하며 또 투자는 어떻게 시작해야 하는지 따뜻한 조언이 담긴 책들을 소개한다.

『돈의 속성』

이 책의 저자인 김승호 회장은 이민 간 미국에서 가난하고 힘든 시간을 보냈지만 도시락 회사를 크게 성공시키며 세계 100대 부자에 선정되기도 했다. 극과 극의 생활을 경험하는 과정에서 얻은 돈의 속성에 대한 깨달음을 책으로 정리했다. 저자의 돈에 대한 통찰과 철학이 잘 녹아있다. 에피소드별로 짧게 나누어져 있어 틈틈이 읽기 좋다.

『아들아, 돈 공부해야 한다』

아버지가 아들에게 전하는 진실된 조언이 담긴 책이다. 그래서 따뜻함이 묻어있고 가끔은 절박함도 묻어있다. 왜 돈 공부를 해야 하는지, 돈 공부는 어떻게 해야 하는지, 궁극적으로 바라봐야 할 목표는 무엇인지 설득력 있게 쓰여 있다.

쉽게 쓰여진 책이지만 깊은 통찰력이 뛰어나기 때문에 시간을 두고 여러 번 읽어봐도 좋다. 읽을 때마다 새로운 내용이 눈에 들어올 것이다.

『돈 공부는 처음이라』

돈을 불리는 데 직접적으로 도움이 되는 습관을 자산에 따라 4단계로 나누어 소개한다. 나만 벼락거지가 되는 게 아닌지 조바심이 드는가? 투자 공부만 하고 있기에는 조급함을 떨치기 어려운 사람들에게 추천한다. 투자는 몸에 '익혀져야' 한다. 오랜 시간과 시행착오가 필요하며 실력이 갖춰지지 않은 상태에서 하는 투자는 결국 실패할 가능성이 높다. 이 책을 참고해 투자 계획을 세워보면 좋다.

▌경제 지식 쌓기

자본주의를 이해하고 부자가 되겠다는 마음가짐을 가졌다면 이제 진짜 투자를 해보자. 장기적으로 사고의 그릇을 키우고 지속 가능한 투자를 위해 꾸준히 경제 지식을 쌓아가는 것이 중요하다.

『경제기사 궁금증 300문 300답』

　600쪽에 달하는 책의 두께를 보고 읽기를 포기하는 사람들이 많다. 하지만 분량에 비해 쉽게 읽히기 때문에 크게 부담이 되지는 않는다. 분량에 대한 두려움만 떨쳐낸다면 그어떤 책보다 많은 도움을 받을 수 있다. 각 챕터에서는 주요한 경제 용어와 기사 예시, 해석 방법에 대해 차근차근 설명한다. 24년 동안 베스트셀러 자리를 유지하고 있는 만큼 이 책은 꼭 읽어보면 좋겠다.

『부자는 매일 아침 경제기사를 읽는다』

　300개의 경제 용어를 13개 분야로 나누어 소개한다. 용어 설명과 함께 관련 기사도 실려 있어 기사와 함께 경제 용어를 깊게 이해하는 데 도움이 된다.

『한 번 보고 바로 써먹는 경제용어 460』

　경제 기사를 읽다 보면 어려운 경제 용어를 많이 만나게 된다. 이 책은 경제 용어를 그림과 함께 풀이해 보다 쉽게 직관적으로 이해할 수 있다. 기사를 읽을 때 옆에 두고 모르는 경제 용어를 발견할 때마다 찾아 읽으면 도움이 될 것이다.

『만화 경제학 강의』

　경제학을 잘 안다고 투자를 잘하는 것은 아니다. 하지만 경제학의 기초적인 내용을 알아두면 정책이나 현상을 이해하는 데 도움이 된다. 이 책은 세계적인 8명의 경제학자를 중심으로 경제학을 설명한다. 제목에서 보듯이 만화로 돼있어 부담없이 읽기 좋다. 경제학 공부를 시작하는 사람에게 추천한다.

나가며

나는 경제 기사 읽기를 처음 시작할 때 읽는 방법도 경제 용어도 아는 것이 거의 없어 무척 힘들었다. 시중에 나와 있는 책은 어려웠고 내 수준에 맞춰 체계적으로 정리된 책도 없었다. 그래서 무작정 기사를 읽기 시작했다.

무작정 시작했기 때문에 어느 날은 경제 기사를 왜 읽어야 하는지 이유를 알 수 없어 포기하고 싶기도 했다. 또 어느 날은 기사 내용이 도무지 이해되지 않아 답답해서 포기하고 싶었다. 하루에 시간을 얼마나 투자해야 하는지, 난도는 어떻게 조절해야 하는지 고민은 끝나지 않았다.

이런 과정을 겪었기에 경제 기사 읽기를 처음 시작하는 분들이 어떤 어려움을 겪는지, 어떤 도움이 필요한지 깊이 이해하고 공감한다. 그래서 다른 분들은 나와 같은 어려움을 겪지 않길 바랐고 어떻게든 도움을 주고 싶었다. 그리고 나의 노하우를 체계적으로 정리한 것이 『경제 기사 처음 읽기』다.

본 책을 다 읽었다면 경제 기사를 읽기 위한 기초적인 준비는 모두 마쳤다. 1장에서는 경제 기사를 읽어야 하는 이유를 알아보고 마음을 다잡았다. 2장에서는 경제 기사 읽기를 포기하는 이유와 해결 방법을 알아보고 미래의 장애물을 대비했다. 그리고 하루 5분부터 30분까지 체계적으로 습관 기르는 방법을 살펴봤다. 3장에서는 경제 기사 읽기에 도움이 되는 사이트와 어플리케이션을 알아봤다. 마지막 4장에서는 경제 기사 읽기의 기초가 돼줄 50개의 필수 경제 용어를 공부하며 주요 경제 기사도 함께 살펴봤다.

이제 경제 기사 읽기를 시작할 준비는 모두 끝났다. 설렘을 갖고 지금 바로 기사 읽기를 시작해보길 바란다.

나는 매일 경제 기사를 읽으며 미래를 상상하곤 한다. 상상 속 나는 지금보다 더 좋은 집에서 멋진 서재에 앉아 경제 기사를 읽고 있다. 아내와 나는 조급함이나 막막함이 없다. 우리 가족은 경제적으로 부족함이 없으며 자녀들과 즐겁게 경제에 대해 토론한다. 우리 가족의 미래는 앞으로 더 기대되고 하루하루가 행복으로 가득차있다.

경제 공부가 힘든 날에도 이런 상상을 하면 힘이 나고 기분이 좋아진다. 그래서 귀찮고 힘들어도 매일 경제 기사를 읽고 치열한 하루를 보내려고 노력한다. 상상은 반드시 현실이 될 거라 믿는다.

본 책을 읽은 여러분도 각자 상상하는 미래가 있을 것이다. 경제 기사를 읽으며 기다리던 그 날을 꼭 맞이하면 좋겠다. 그리고 본 책이 첫걸음을 내딛는 데 도움이 되길 바란다.

INDEX